AF343068

Cartel des Services publics confédérés

Fédération Postale.
Fédération des Cheminots.
Fédération des Services Publics.
Fédération des Travailleurs de l'État.
Fédération des Tabacs.
Fédération des Services de Santé.

Comité intersyndical du Personnel des Services Publics de la Ville de Paris et du Département de la Seine.

Syndicat National confédéré des Membres de l'Enseignement Secondaire et de l'Enseignement Supérieur.

CONGRÈS

des 9 et 10 Mars 1924

RAPPORTS

Contre la Cession des Monopoles.

Salaires. Vie chère.

La Municipalisation des Services du Gaz.

Le Monopole de l'Électricité à Paris.

Les Revendications du Personnel des Services publics.

Le Droit syndical des Fonctionnaires. Liberté d'opinion.

VERSAILLES
IMPRIMERIE COOPÉRATIVE " LA GUTENBERG "
18, Avenue de Paris, 18

Le Cartel a décidé d'engager une action vigoureuse contre les forces de régression sociale. Les militants trouveront dans les rapports présentés au Congrès des arguments qui leur permettront de dénoncer les causes profondes de la vie chère. Nous nous efforcerons de dresser des schéma de conférences pour faciliter leur tâche. Mais il est indispensable que dès maintenant les militants se familiarisent avec les sujets qu'ils seront appelés à développer.

Il y a une liaison étroite entre les principes qui militent en faveur de la défense et de la réorganisation des monopoles et ceux qui justifient la municipalisation de certains services essentiels. Ne nous y trompons pas. Les organisations syndicales ne doivent pas se dissimuler les menaces qui sont dirigées contre les intérêts les plus évidents, les plus légitimes de la classe ouvrière. Nos adversaires disposent de moyens puissants. Il importe, pour le développement de la campagne que nous alons engager, que chaque adhérent devienne un adversaire agissant de la vie chère, organisée par une minorité de profiteurs de la réaction sous toutes ses formes, qui veut aggraver la servitude ouvrière et fait peser sur les peuples la menace de nouveaux conflits.

Contre la Vie chère !

Contre l'Union des Intérêts économiques !

Contre la Guerre !

Pour le droit syndical et la liberté d'opinion !

Tels sont les mots d'ordre du Cartel confédéré !

LE CARTEL.

Contre la Cession des Monopoles

Rapporteur : DIGAT

Pendant les quatre années qui viennent de s'écouler, nous avons noté l'action méthodique des groupements patronaux contre les monopoles d'Etat. Une minorité, qui dispose de moyens puissants, s'est efforcée de rajeunir la vieille formule du « laissez-faire », « laissez-passer ». On a écrit : « Tous les problèmes d'après-guerre ne « pourront être résolus, avec profit pour « la collectivité, que si l'Etat se confine « dans son rôle « d'Etat gendarme ». La « réorganisation économique nationale et « internationale n'est possible que si l'Etat « ne vient pas contrarier par ses interven- « tions le libre jeu des forces économi- « ques. »

Les syndicalistes sont pleinement d'accord sur la nécessité de réorganiser, d'intensifier l'activité économique. Notre mouvement ouvrier ne peut se développer dans le marasme. Son activité est fonction de l'activité générale. Mais nous nous séparons nettement de ceux qui prétendent réorganiser par l'application d'une formule, qui eût sans doute sa raison d'être, mais qui est aujourd'hui condamnée par les faits. L'école libérale, qui prétendait que le principe de possession individuelle, sur lequel repose le système capitaliste, était corrigé dans ses excès par la libre concurrence, oublie volontairement que celle-ci est actuellement impuissante devant la concentration capitaliste représentée par les trusts et cartels.

D'ailleurs, la doctrine libérale a subi depuis un siècle des atteintes sérieuses. Parvenue au pouvoir avec la monarchie de Juillet, sa formule : « le moins de gouvernement possible » perdit quelque peu de sa rigueur, lorsque la grande industrie naissante sollicita la protection de l'Etat. Une première brèche était ouverte par la protection accordée à la grande industrie. Elle devait être en quelque sorte élargie par la protection relative accordée par l'Etat aux ouvriers. Actuellement, l'opposition du capitalisme à l'intervention de l'Etat est d'autant plus vive que, par sa concentration, son interpénétration dans toutes les branches de la production, il a réussi à imposer ses dures conditions au producteur et au consommateur, à subordonner en un mot l'intérêt général aux intérêts particuliers. Aujourd'hui, les « lois sociales » valent dans la mesure où les organisations ouvrières sont capables d'en contrôler l'application. Le grand régulateur, issu de la libre concurrence, a pratiquement disparu à l'intérieur. Enfin, par un protectionnisme outrancier et incohérent, on a supprimé la concurrence de l'extérieur. « Si riche « et si varié que soit notre sol, il ne produit « pas tout, écrit M. R. de Jouvenel. Com- « ment, dès lors, calculer la valeur fran- « çaise d'une marchandise que la France « ne produit pas? On ne pouvait le faire « qu'en majorant le prix d'achat des frais « de transport et de douane et du bénéfice « des intermédiaires et du marchand. Sup- « posez maintenant un objet dont le prix « d'achat est de cent francs et la « valeur « française » de cent cinquante ; c'est sur « ce dernier chiffre que sera prélevée la « taxe *ad valorem*. Qu'elle soit seulement « de 10 % et la valeur de l'objet se trou- « vera portée à cent soixante-cinq francs. A « la prochaine importation, c'est sur ce « nouveau prix que se trouvera prélevée « la taxe. Le produit le plus chèrement « taxé se trouvera dès lors celui que nous « ne produisons pas, c'est-à-dire contre « lequel aucune protection n'est nécessaire. « Le sacrifice du consommateur n'a pour « contre-partie aucun avantage pour aucun « producteur. Cet exemple extrême permet « de saisir l'économie générale du système.

« Du moment que la valeur d'un objet se
« confond avec son prix inférieur et que
« la taxe est perçue sur ce prix, le produc-
« teur français peut, sans inquiétude, haus-
« ser ses prix ; il sera même d'autant plus
« protégé qu'il vendra plus cher. Affranchi
« grâce au Consortium de la concurrence
« intérieure, il l'est par surcroît de la con-
« currence étrangère. »

Ainsi la concentration capitaliste, la tendance à constituer des cartels « horizon-
taux », complétés par des cartels « verti-
caux », fortifient, développent le marasme
économique, compromettent la production
par la hausse des prix, qui à son tour
limite les moyens de consommation du plus
grand nombre. D'autre part, si la production est compromise, c'est le chômage qui
menace les ouvriers et qui les place sur le
marché du travail en état d'infériorité
manifeste à l'égard du patronat.

La concentration capitaliste permet aussi
d'aboutir à ce paradoxe : réaliser un maximum de profits avec un minimum de production. Ceux qui soutiennent que le système capitaliste est seul capable de porter la
production au maximum méconnaissent
volontairement les conséquences du développement de leur système, qui aboutit à
une exploitation étroitement égoïste du
producteur et impose au consommateur une
dîme formidable.

*
* *

Le Cartel se propose de les dénoncer à
l'opinion publique. Certes, nous ne devons
pas nous dissimuler que nous nous trouvons en présence d'adversaires redoutables,
disposant de moyens puissants, maîtres de
la presse et des assemblées, dictant leurs
volontés aux gouvernants. Le 18 mars 1923,
M. Mussolini formulait officiellement, devant la Chambre de commerce internationale, la doctrine rajeunie et triomphante
de d'école libérale. « Je crois, déclarait le
Ministre italien, que l'Etat doit renoncer
« aux fonctions économiques... Je crois
« que le Gouvernement doit laisser à l'ini-
« tiative privée le maximum de liberté
« d'action et renoncer à toute législation
« d'intervention ou d'entraves. » M. Billiet,
au nom de la réaction patronale française,
ne dit pas autre chose.

LA LIBRE CONCURRENCE
A DISPARU

Nous avons indiqué que l'argument principal des économistes de l'école libérale,
pour justifier leur système, repose sur une
affirmation infirmée par les faits. Les consommateurs, les usagers sont, paraît-il,
protégés contre la hausse des prix par « le
grand régulateur » qu'est la libre concurrence.

Nos adversaires affirment que le système
contribue à stimuler le progrès par l'ému-
lation entre les industries concurrentes, et,
au besoin, élimine par la ruine les industries routinières.

« Il entraîne une baisse graduelle des
prix et, par là, réalise le bon marché pour
le plus grand profit de tous, et en particulier des classes pauvres. »

Enfin, il tend « à une égalisation progressive des conditions en redressant les
profits et les salaires à peu près au même
niveau dans toutes les industries. »

Les économistes du « laissez faire, laissez
passer », s'ingénient à nous faire admirer
« ces harmonies ». Ils considèrent que c'est
une organisation spontanée, naturelle. Ils
en concluent qu'elle est *parfaite et définitive*.

Mais les économistes qui ont étudié le
développement, les caractères de l'économie nouvelle ont constaté que le régime
du monopole faisait place au régime de libre
concurrence. Antérieurement, la concurrence dressait les entreprises rivales les unes
contre les autres dans une lutte âpre, sans
merci. On s'efforçait de triompher en ven-
dant à meilleur marché. Mais, aujourd'hui,
l'interprétation des groupements concurrents permet une exploitation illimitée.

Les actionnaires peuvent avoir des
« parts » dans les industries concurrentes.
Et cette fraternisation des entreprises en-
gendre une action commune entre les établissements financiers ; action commune
exigée par les capitaux considérables enga-
gés dans les entreprises coalisées.

M. Edgar Milhaud, qui a étudié très mi-
nutieusement cette évolution, écrit à propos des établissements financiers :

« Peu nombreuses, grâce à une concen-
« tration très accentuée, les grandes ban-

« ques d'un même pays tendent à faire
« bloc, et, soit unies en un seul groupe,
« soit amalgamée en un très petit nombre
« de groupes, détiennent à quelques-unes
« toutes les sources du crédit de la nation.
« *Ce sont elles qui commanditent l'indus-*
« *trie, le commerce, l'ensemble de la vie*
« *économique.* C'est à leur réservoir com-
« mun que viennent puiser pour se cons-
« tituer, pour se développer, pour échap-
« per à la ruine, les entreprises concurrentes
« des branches les plus diverses. *Et elles*
« *sont ainsi tout naturellement, entre for-*
« *ces rivales, le facteur de conciliation et*
« *d'accord. Ainsi, les syndicats de la finan-*
« *ce encouragent et créent les syndicats de*
« *l'industrie. Ils les créent par leur action*
« *simultanée et concertée dans les entre-*
« *prises rivales. Ils contrôlent les unes*
« *comme ils contrôlent les autres. Ils sont*
« *dans toutes.*

« Ces membres de Conseils d'administra-
« tion que nous voyons surgir tour à tour
« dans un si grand nombre de Sociétés, ce
« sont, le plus souvent, les représentants
« des Sociétés financières.

« Et le *Journal des Débats* pouvait écrire
« en 1908, à propos de la publication de
« l'Annuaire des Conseils d'administration
« allemands : M. Carl Furstenberg siège
« dans 44 Conseils, M. Hayen dans 42, M.
« E. Gutman dans 35, 197 personnes se
« partagent 298 mandats.

« Ce sont les grandes Sociétés financières
« qui sont représentées par leurs Direc-
« teurs dans les Compagnies par actions. »

Aux États-Unis, au cours d'une enquête
(1913) sur les trusts, on découvre que les
membres de trois banques de New-York et
les administrateurs des « Trust Compa-
nies » dépendant d'elles occupaient à eux
seuls 341 places de membres de Conseils
d'administration dans 112 corporations différentes représentant un capital de 100 milliards de francs.

Un journal allemand, publiant une note
relative à la cartellisation dans l'industrie
des transports, décrivait ainsi le caractère
de cette concentration :

« Depuis la création de la Société des
« Transports internationaux, une âpre con-
« currence sévit dans la branche de l'expé-
« dition et elle en a considérablement di-
« minué la rentabilité.

« Maintenant, ce sont deux Sociétés par
« actions qui vont se trouver l'une en face
« de l'autre, *deux Sociétés sur lesquelles* de
« grandes banques exercent une influence
« prédominante. Entre ces établissements
« existe une série de relations financiè-
« res qui facilitent l'entente.

« Aussi estime-t-on dans les cercles inté-
« ressés que la transformation de la Maison
« Schenker en une Société Anonyme aura
« pour conséquence la conclusion de la
« paix entre les grandes firmes d'expédi-
« tion. »

Les garanties relatives accordées par la
libre concurrence aux consommateurs et
usagers disparaissent devant une telle puissance.

L'intérêt général est sacrifié. Une oligarchie restreinte dirige l'activité économique.
Elle tend à concentrer entre les mains d'un
groupe unique tous les pouvoirs de direction d'une branche d'industrie. Le Cartel
intervient pour créer entre les entreprises
fédérées des liens étroits et puissants.

Et les résultats se traduisent par « l'établissement de prix uniformes, le contin-
gentement de la production de chaque usine, création de comptoirs centraux de
vente s'interposant entre les producteurs et
la clientèle, contrôle de la production, contrôle des livres, pénalités draconiennes
contre toute infraction ; par ces moyens,
que complète parfois la répartition géogra-
phique de la clientèle en rayons réservés à
chacun des participants, le Cartel, tout en
laissant aux entreprises syndiquées leur in-
dividualité juridique et économique, leur
permet de s'affirmer toutes ensemble, en
face du marché, comme un bloc. »

Le consommateur, l'usager, est obligé de
subir la volonté du Cartel, qui, par ses ramifications dans toutes les branches de l'activité économique, la dirige dans le sens
des intérêts d'une infime minorité. Les critiques dirigées contre les monopoles d'État
nous apparaissent bien secondaires en face
de tels privilèges. Mais nous nous garde-
rons bien d'évoquer la justice, le droit.
Nous nous bornerons pour le moment à
préciser les atteintes portées à l'intérêt de
la collectivité.

LES MONOPOLES CAPITALISTES PROVOQUENT LA HAUSSE des PRIX

Il est évident qu'une telle puissance permet de fixer arbitrairement les prix. L'économiste américain Jenks a formulé cette loi, confirmée par des exemples nombreux :

« Les prix s'élèvent en proportion du « pouvoir de monopole que détient à cha- « que moment de son existence économi- « que une entente industrielle. »

La loi énoncée par l'économiste américain est confirmée, illustrée par des faits probants. Les coalitions d'entreprises maîtresses du marché ne peuvent aboutir à d'autres conclusions ; et en raison même de leur interpénétration, le renchérissement se manifeste dans toutes les branches de l'activité.

Un exemple typique est fourni par le trust américain du sucre, trust de raffinage dont le bénéfice ressort de l'écart entre le cours du sucre brut et celui du sucre raffiné.

De 1880 à 1887, la concurrence agit librement, l'écart diminue de 1 cent. 037 à 0 cent. 766.

De 1887 à 1890, après la constitution du trust, l'écart s'élève jusqu'à 1 cent. 175.

De 1890 à 1892, le trust lutte contre un concurrent. L'écart tombe à 0 cent. 594. En 1892, il rachète l'entreprise rivale et l'écart revient à 1 cent. 130, pour redescendre à 0 cent. 800 en 1898.

Un nouveau concurrent le ramène à 0 cent. 545.

Et M. Ch. Broulhet peut écrire :

« En résumé, le coût du raffinage est plus du double quand le trust est roi de ce qu'il est quand l'hégémonie du trust est discutée. »

En France, on trouve une confirmation de la loi de Jenks dans ce qui s'est passé pour les superphosphates.

En 1901, le superphosphate vaut 5 fr. les 100 kilos. L'entente réalisée entre les usines productrices l'élève à 6 fr. 60. En 1904, l'entente se dissout. Le prix retombe à 4 fr. 35.

En 1905, le trust se reconstitue. Le superphosphate payé 5 fr. 10 les 100 kilos au printemps de 1905 est payé 7 fr. 45 au printemps de 1907.

En 1910, l'Etat autrichien accorde un important dégrèvement fiscal sur les sucres. Le Cartel relève ses prix et acquiert ainsi le bénéfice intégral de l'exonération.

En France, nous pouvons constater les mêmes faits.

M. Herriot pouvait écrire à propos des agissements du Syndicat des Raffineurs :

« En 1902, le Parlement, par application « de la convention de Bruxelles, supprime « les primes à l'exportation ; il abaisse les « droits antérieurs de consommation de « 64 francs à 27 francs les 100 kilo- « grammes. Bonne nouvelle pour les petits « ménages ! Les budgets modestes vont « donc se trouver soulagés !

« Vaine espérance ! Les spéculateurs sont « là qui veillent, prêts à ruiner les autres et « à se ruiner eux-mêmes. Le sucre blanc, « numéro 3, adopté sur le marché de Paris, « cote 27 fr. 37 les 100 kilos à la date du « 20 juin 1904 ; en janvier 1905, le prix « s'est élevé à 46 fr. 50. Certains krachs « punissent les spéculateurs. Mais, en 1909, « une nouvelle manœuvre fait monter le « sucre de 31 fr. 87, septembre 1909, à « 46 fr. 85, fin août 1910. »

Le récent « scandale » des sucres qui a provoqué un débat au Parlement, et qui est allé rejoindre dans l'oubli les autres scandales sous la protection des gouvernants et de la majorité, indique les dangers que recèle l'oligarchie des sucriers.

Enfin, voici un extrait des explications fournies au mois de juillet 1919 par M. Dufour, président du Syndicat des Fondeurs de France, devant une commission parlementaire :

« La suppression de la libre concurrence « du commerce en France entraîne les ré- « sultats suivants :

« 1° Exagération des prix de vente aux « dénaturateurs français ;

« 2° Impossibilité pour eux de lutter à « l'exportation contre les concurrents « étrangers qui paient généralement la « fonte française moins cher que les Fran- « çais ;

« 3° Restriction de la vente sur le mar- « ché intérieur ;

« 4° Facilité pour la concurrence étran-
« gère de pénétrer ,sur le marché français
« au détriment d'industries françaises dont
« les établissements se chiffrent par dizaines
« de mille et occupent un personnel ouvrier
« très considérable.

« C'est pour ces raisons que nous deman-
« dons à être libérés du tribut que nous
« payons aux ententes de producteurs. »

Et ainsi les cartels et les trusts contribuent à un renchérissement constant. Les
doléances de M.·Dufour n'ont certainement
pas été entendues. Et le remède pour les
industries menacées réside dans leur association. « Elles se cartellisent, haussent
leurs prix. Et c'est d'une industrie à l'autre,
d'un commerce à l'autre, de chaque ven-
deur à chaque acheteur la cascade du renchérissement. »

LES MONOPOLES CAPITALISTES COMPROMETTENT L'ACTIVITE ECONOMIQUE PAR UNE RESTRICTION DE LA CONSOMMATION

C'est un vieux cliché toujours en usage
de soutenir que les monopoles d'Etat con-
trarient l'activité économique. Nous allons
répondre à la phraséologie capitaliste par
des faits précis, empruntés à des hommes
étrangers à notre mouvement ouvrier.

Le président de la Chambre de Commerce
de Dunkerque a révélé, dans une lettre
publiée par la *Journée Industrielle*, l'influence exercée par les tarifs des Compagnies
de chemin de fer sur l'activité du port.

Il écrivait : « Pour expédier un wagon
complet de tissus (10.000 kilos) de Roubaix
à Dunkerque (90 kilomètres) on paye
33 fr. 20, alors que de Roubaix à Anvers
(130 kilomètres) on ne paye que 21 fr. 70. »

Et il ajoutait : « A l'importation, le prix
de transport par chemin de fer de Tourcoing
à Anvers et le fret payé aux Compagnies de
navigation faisant escale dans le port belge
sont beaucoup moins élevés que le transport par Tourcoing à Dunkerque et le fret
demandé par les Compagnies de navigation
française. — N'étaient la surtaxe d'entrepôt
et les lenteurs causées à la frontière française par les formalités douanières, toutes

nos importations de laines d'Argentine,
d'Australie et du Cap s'effectueraient de
préférence par Anvers. »

Et voici l'opinion de M. Brichaux, président de la Chambre de Commerce de la
Loire-Inférieure, à propos du trafic du port
de Saint-Nazaire :

« Le trafic du port ? Il est tombé très bas
par la faute de l'exagération des tarifs de
transports par fer ; mais il peut et doit reprendre dès que les tarifs auront été revisés.

« Je suis de ceux qui pensent qu'il y a
lieu, aujourd'hui, de pratiquer une autre
politique économique, plus en rapport avec
la situation.

« *J'estime, en effet, qu'on ne doit pas
obligatoirement considérer les chemins de
fer comme des exploitations privées.*

« *Ces dernières, pour subsister, doivent
nécessairement amortir leurs capitaux, couvrir leurs frais et même réaliser des bénéfices. Il peut en être autrement des chemins
de fer qui sont des services publics, dont le
but est surtout de contribuer à la richesse
nationale, et, en temps de crise, il peut se
faire que le pays ait intérêt à ce que les
chemins de fer restent en déficit et que la
nation vienne à leur secours comme elle le
fait pour les autres moyens de transports,
routes, canaux, fleuves.*

« Le monopole, à l'abri de la concurrence, établit toujours un prix maximum.
Il se préoccupe exclusivement du profit.
C'est sa raison d'être. Déjà, dans son principe, le capitaliste tend à restreindre la
consommation des masses ouvrières par son
opposition constante à la juste rémunération du travail. Mais le capitalisme de libre
concurrence, devenu capitalisme monopoleur, renforce son action en doublant la
compression systématique des salaires « de
l'inflation systématique du prix des denrées ».

« Le capitalisme monopoleur réalise une
double exploitation de la classe ouvrière,
son exploitation comme productrice et son
exploitation comme consommatrice.

« Le capitalisme monopoleur combine,
avec son exploitation des prolétaires,
l'exploitation de la large masse des consommateurs.

« Le capitalisme monopoleur se dresse,
au nom du profit, contre le libre déploie-

ment des forces productives de la société et contre la large satisfaction des besoins de la société.

« Parvenu au stade du monopole, le capitalisme devient une cause de régression sociale en sacrifiant les intérêts du plus grand nombre. »

Élévation des prix en raison même de leur maîtrise du marché, les monopoles capitalistes soucieux d'élever leurs profits n'hésitent pas à compromettre la qualité des produits.

UNE MALFAÇON SYSTEMATIQUE

En 1913, M. Margaine n'hésitait pas à dénoncer certaines malfaçons systématiques et redoutables du trust de l'acier. A la conférence de Leeds, en 1912, un ingénieur américain assignait comme cause principale du recul, sous le rapport de la qualité, le syndicat institué par le trust de l'acier, où certaines conditions essentielles de qualité sont sacrifiées aux exigences d'une production énorme et ultra-rapide.

LES METHODES DE CORRUPTION DES MONOPOLES CAPITALISTES. ILS ESSAYENT DE CORROMPRE LES PARTIS POLITIQUES

M. Ostrogosky a précisé les méthodes des Compagnies de chemins de fer américaines, dirigeant à leur gré les partis politiques.

Dans son traité des Chemins de fer, M. Alfred Picard écrit :

« L'histoire montre que, dans certains pays étrangers, comme l'Angleterre, ces influences sont très puissantes et opposent de sérieux obstacles à l'action naturelle des Pouvoirs publics ; en France même, elles ont franchi à certaines époques la porte de nos deux Chambres. »

Et il ajoute :

« Toutes les fois que le régime général des chemins de fer a été mis en discussion, il s'est produit un véritable déluge d'articles, de brochures, de plaidoyers en faveur des Compagnies. »

Lors de l'enquête ordonnée en 1895 sur les conditions de moralité dans lesquelles avaient été conclues les conventions de 1883, il a été établi que les Compagnies avaient dépensé en 1882-1883, pour corrompre la presse, 735.000 et 718.000 francs.

La grande presse est toujours à la disposition des puissances d'argent. La corruption, organisée plus ou moins discrètement par une puissante association économique, a eu des précédents. Dans le rapport d'une Commission parlementaire, constituée à la suite d'une intervention de M. Millerand (qui depuis !) pour étudier les conditions de moralité dans lesquelles les conventions de 1883 avaient été conclues, nous trouvons des dépositions édifiantes.

Un des témoins entendu par la Commission, M. Bienvenu, député, déclare :

« Si les Compagnies devaient profiter des circonstances, tout à fait favorables pour elles, dans lesquelles se présentaient les conventions, elles avaient fait et elles faisaient tout ce qu'elles pouvaient pour accaparer l'opinion et forcer la main à la Chambre, au Sénat et aux Pouvoirs publics. »

« Vous savez comment les Compagnies se sont emparées de la presse, depuis la *Revue des Deux-Mondes* jusqu'au dernier des journaux. Il n'y avait pas un organe qui fut hostile aux Compagnies, aux conventions. Toutes ces publications, ces journaux, ces brochures, tout cela était distribué à profusion. Si vous étiez conseiller général, en arrivant à la session, vous en trouviez des paquets à votre hôtel, vous en receviez chez vous. Les maires, adjoints, conseillers municipaux, toute personne ayant une profession libérale, en recevaient des paquets. A ce point de vue, le Gouvernement ne semble pas se défendre, laissant les Compagnies prendre cette situation, faire l'opinion, essayer de forcer la main aux Chambres et aux Pouvoirs publics. »

M. Allain Targé, député, déposant devant la Commission, déclarait lui aussi :

« Je faisais allusion à un fait historique, indéniable, à savoir que les Compagnies tiennent la presse, toute la presse, car très rares sont les organes qui ne dépendent pas des Compagnies, qui ne sont pas plus ou moins subventionnés par elles.

« Elles tiennent tant de choses, les Compagnies, avec leur argent ! Si vous cherchez dans leurs livres, je crois que vous verrez, en 1876 et 1877, beaucoup de brochures et de frais de publicité.

« Nous avons été assaillis de distributions de brochures, j'en ai chez moi une bibliothèque... Nous fûmes donc assaillis de brochures signées de noms d'ingénieurs et d'économistes ; il y en avait un monceau. »

Voici quelques détails fournis par le journal *Le Transport*, dans un article portant la signature de M. Honoré Piquet.

« C'est au siège même de la Compagnie d'Orléans, 8, rue de Londres, que fonctionne le service de publicité politique des Compagnies syndiquées. C'est dans le salon qui précède le cabinet de l'aimable M. Carlier que, à la fin de chaque mois, se réunissent nos plus sympathiques confrères ; et c'est peut-être seulement là, hélas ! qu'on peut constater, entre des représentants de journaux d'opinions et de nuances si différentes, l'oubli des passions qui les séparent, une entente cordiale, une véritable confraternité qui repose un peu des polémiques violentes échangées au dehors, entente qui faisait dire plaisamment à un administrateur de l'Est : « Ce diable de Carlier a créé à lui tout seul une fédération des syndicats de journalistes, et il semble en réunir tous les soirs l'assemblée générale... »

Et maintenant, voyons la *manière* discrète qu'on emploie pour toucher :

« Rue Taitbout, au fond de la cour, à droite, un escalier tortueux, où deux personnes ne sauraient passer de front. Au premier étage, une porte basse, sur laquelle on lit : « X... et Cie ». On pousse cette porte et on se trouve dans une salle obscure, aux murs nus. Pas de sièges, pas de banquettes. On sent qu'on passe là, mais qu'on n'y séjourne pas. Après quelques secondes, l'œil, s'habituant à la pénombre, distingue un étroit guichet en verre dépoli. On y frappe, le châssis glisse dans sa rainure, une main paraît, reçoit votre reçu, disparaît avec lui et reparaît tenant une liasse que vous saisissez prestement cependant que le verre dépoli s'abat. Non seulement vous ne laissez aucune trace de votre passage, mais vous-mêmes ne conservez aucune pièce indiquant que vous avez touché. »

Pour dénoncer l'incurie, la routine des administrations publiques, on se garde d'indiquer les causes véritables. Mais on prétend que les monopoles privés sont à l'affût du progrès, qu'ils cherchent par tous les moyens à satisfaire les besoins des usagers.

Voici une réponse qui n'est pas suspecte de partialité à l'égard des Compagnies de chemins de fer. Elle nous est fournie par un discours prononcé par M. Isaac à la Chambre de Commerce de Lyon :

« Il y a deux ans, notamment, nous avons constaté à la gare de Perrache que, du 1er au 10 octobre, on avait constaté 247 retards de plus d'une heure. Et cela durait à peu près depuis le 14 juillet. Nous en avons fait l'observation à la Compagnie P.-L.-M. ; nous lui avons dit que nous ne pouvions admettre qu'étant donné les exigences de la vie moderne et la nécessité qui s'impose pour les commerçants de ménager le temps, un état de choses pareil pût se prolonger. La Compagnie a accueilli avec un certain bon vouloir les doléances que nous lui exprimions, et elle a — permettez-moi l'expression qui est devenue à la mode — changé son fusil d'épaule ; elle a cherché à supprimer les retards des trains, *mais en augmentant la durée des trajets* : de sorte qu'on a pu voir ce phénomène inouï que, au moment où toutes les inventions tendent à nous faire aller plus vite, des directeurs de chemins de fer trouvaient tout simple et tout naturel de revenir *aux modestes allures d'il y a vingt-cinq ans*. Nous avons vu ce phénomène inouï que, sur une ligne partant de Lyon, pour rejoindre un département voisin très peuplé, très industriel, avec lequel nous avons de fréquentes et d'amicales relations — le département de la Loire — il arrivait que, sur certaines parties de la ligne, on voyageait à la vitesse patriarcale de *14 kilomètres et demi à l'heure !* »

LES AVANTAGES DES MONOPOLES D'ETAT

Nous examinerons, au cours de cette étude, les critiques des adversaires des monopoles d'Etat. Nous ne manquerons pas de faire connaître celles formulées depuis longtemps par nos syndicats. Mais nous avons établi par des chiffres que les monopoles capitalistes, à l'abri de la concurrence, entraînaient une fixation arbitraire des prix. Pour nous livrer à une confrontation utile entre les garanties, les avantages accordés à la collectivité par les services publics et ceux concédés par l'industrie privée, nous publions ci-dessous un extrait d'un article cité par M. Edgar Milhaud. Il a été écrit par M. Jules Domergue, rédacteur en chef de la *Réforme Économique*. Voici ce qu'il écrit au sujet des Compagnies d'assurances, en ce qui concerne la loyauté et la sûreté des indemnités dues :

« *Le tarif est secret*, ce qui permet aux Compagnies de traiter très inégalement des risques identiques.

« La conclusion du contrat d'assurance est subordonnée au paiement d'une première partie, *que la Compagnie tarde parfois à toucher, afin de se ménager dans l'intervalle la faculté d'opposer une déchéance impitoyable en cas de sinistre.*

« Cela est pire au cas d'avenant pour aggravation de risques : *L'avenant n'est souvent remis à l'assuré qu'après que le stock de marchandises que cet avenant avait pour but de couvrir est épuisé.*

« Mais les deux abus véritablement les plus graves, c'est, d'une part, que l'assuré est tenu, *à peine de déchéance*, à une série de déclarations de choses et de circonstances que souvent il ne peut connaître, ou ne sait qu'imparfaitement, et qu'il n'est couvert ni par sa bonne foi ni par l'absence du préjudice du fait de l'omission, ni par la connaissance que l'assureur a eue, néanmoins, par son agent de l'aggravation du risque.

« Cette situation rend de fait le contrat d'assurance absolument léonin.

« D'autre part, un second abus est la déduction « du neuf au vieux » ; on met en avant beaucoup d'arguments spécieux pour la défendre, mais elle est indéfendable en équité. Avec cette clause l'assurance n'est plus un contrat de bonne foi. »

Voici ce qu'écrit un adversaire des monopoles d'État. Et maintenant, voyons les avantages d'une Caisse départementale d'assurance la Côte-d'Or :

1° Réalisation d'une économie annuelle de 30 à 40 % ;

2° Suppression des engagements de longue durée ; la police annuelle ; elle se renouvelle d'elle-même d'année en année par le simple paiement de la prime ;

3° Tous les changements dans la police sont faits gratuitement ;

4° Pas de coût de police ou d'avenant ;

5° Facilité de s'assurer à la mairie de sa commune ;

6° Les déclarations du sinistre se font à la mairie ;

7° A la suite d'un sinistre, estimation des dégâts sans esprit de chicane et sans marchandage ;

8° Les objets sont assurés dans tous les bâtiments où ils peuvent se trouver, sans obligation d'indiquer le local où ils sont ou seront enfermés ;

9° Suppression de toute indemnité à payer en cas de résiliation, ou de diminution d'assurance, l'assuré étant toujours libre de se retirer ou de modifier son assurance quand bon lui semble et sans frais.

L'ABAISSSEMENT DES PRIX

Nous avons démontré que la constitution des monopoles entraînait un relèvement des prix. C'est, d'ailleurs, la raison d'être du monopole. Il se confine dans la routine parce qu'il n'est pas menacé par des concurrents. Il fixe les plus hauts prix parce qu'il est maître du marché. Ce sont ses deux caractéristiques. Nous ne discuterons pas l'analogie qui existe entre les régies fiscales et les monopoles. Nous noterons simplement que les chiffres desservent singulièrement la thèse des monopoleurs.

M. Edgar Milhaud, auquel nous avons emprunté nos citations, indique :

« En Prusse, dans les chemins de fer de l'État, de 1900 à 1909, des réductions diverses abaissent le prix moyen du transport d'un voyageur sur un parcours d'un kilomètre de 2 pfennigs 65 à 2 pfennigs 32. En Suisse, la caisse publique d'assurance contre l'incendie du canton de Vaud abaisse, le 1er janvier 1912, la prime initiale de 0,80 par 1.000 francs de capital immobilier, assuré à 0,70 ; et en France, dans le département de la Côte-d'Or, la caisse publique d'assurance contre l'incendie, fondée le 1er janvier 1919, établit immédiatement des primes de 30 à 40 % plus basses que celles des Compagnies.

« En Italie, au lendemain de la loi de 1903 sur la municipalisation, une série de communes prennent en mains le service du gaz et l'on constate des réductions de prix de 23 % à Reggio, en Calabre ; de 24 % à Asta ; de 30 %, à Udine, de 34 % à Ascoli i Picerro ; de 37 % à Reggio-Emilia ; 40 % à Vogliera ; de 50 % à Spezzia ; de 52 % à Padoue.

« En Suisse, dès 1907, une série de villes, pour lutter contre la cherté croissante de la vie, ouvrent, en concurrence avec le commerce privé, des débits communaux ; et les réductions de prix atteignent pour les pommes de terre, de 12 à 20 % à Schaffouse, de 14 à 18 % à Lucerne, de 17 à 24 % à Berne... »

Ces chiffres démontrent que la gestion publique est supérieure aux monopoles capitalistes. Et si l'on prend l'exemple des entreprises municipales en Angleterre, on constate en 1900 (rapport de M. Fowler), pour 1.029 entreprises, un produit net de 9 millions et demi de francs.

Le capital engagé était de plus de 3 milliards de francs. L'intérêt s'élevait au chiffre dérisoire de 3 pour mille, l'amortissement 1,5 pour mille.

Une entreprise privée, même avant la guerre, aurait fixé le revenu au minimum à 5 %. Ces 5 % se seraient traduits par 140 millions de pertes. Et comme la raison d'être, le principe même des entreprises capitalistes, réside dans le profit, les 140 millions de pertes auraient été compensés par une élévation des prix. Les entreprises municipalisées ont ainsi réparti 140 millions à la collectivité.

En ce qui concerne l'Administration des P. T. T. elle-même, les exemples sont nombreux.

En voici quelques-uns :

Dès l'armistice, la Compagnie des chemins de fer du Nord s'est assuré le concours de 10 équipes d'ouvriers pour la reconstruction de son réseau téléphonique et télégraphique. Pendant plus de 3 ans les équipes sont restées à sa disposition.

La Compagnie remboursait à l'Administration les salaires payés aux ouvriers.

Ceux-ci touchaient en sus une indemnité journalière de 15 francs.

En outre, la Compagnie assumait les charges du transport des ouvriers.

Les conclusions de la Compagnie du Nord ont reconnu la valeur des travaux effectués.

Bien que le remboursement des salaires, le paiement des indemnités représentent un chiffre appréciable, la Compagnie a marqué sa préférence pour le personnel de l'Administration, parce que le travail effectué était le meilleur marché et offrait un maximum de garantie.

Voici un état établissant le coût du travail effectué par l'industrie privée et l'Administration. Il se réfère à des travaux effectués sur la ligne de Bayonne à Toulouse :

Ligne de Toulouse à Portet.

Ligne de Bayonne du P K 2 + 250 au P K 12 + 250.

Longueur : 10 kilomètres.

Coût du travail effectué par l'entreprise privée (Compagnie des signaux électriques) :

Plantation :

105 poteaux simples à 19 fr. ..	1.995 00
48 accouplements à 63 fr.	3.024 00
18 moisés à 57 fr. 50	575 00
15 jumelés à 58 fr. 50	877 00

Armement :

545 traverses 1 m. 15×5 fr. 85	3.188 25
2.180 isolateurs doubles × 1 fr. 20	
500 isolateurs simples × 1 fr. 20	
	3.216 00

Pose de fils :

210 kilomètres fil fer et cuivre × 79 fr. 50	16.695 00
	29.570 25

NOTA. — Le salaire des ouvriers était de 15 francs pour les terrassiers et de 20 francs pour ceux qui travaillaient en l'air.

Coût du même travail s'il avait été effectué par l'Administration des postes :

Plantation :

251 journées à 25 francs	6.275 00

Armement :

181 journées à 25 francs 4.525 00

Pose de fils :

594 journées à 25 francs 9.850 00

20.650 00

Ainsi les travaux effectués par l'Administration entraînent une dépense inférieure de 43 % à celle exigée par l'industrie privée.

Nous avons rappelé que les monopoles capitalistes, préoccupés exclusivement du profit, compromettaient la qualité des produits, diminuaient la valeur des services rendus.

Récemment, on a pu constater le caractère défectueux de travaux effectués par une entreprise privée sur la ligne Toulouse-Bayonne.

La ligne a été construite dans de telles conditions que la moindre intempérie compromet son fonctionnement.

Même avant la pose des fils, les poteaux se renversaient en raison d'un forage défectueux. Les appuis ne peuvent résister au « tirage des fils ». Les entretoises de tête à double collier sont placées sur le cône, le collier étant d'un diamètre insuffisant pour entourer le poteau.

L'armement est quelconque et fait sans méthode. La pose des fils a été si défectueuse que le déréglage était total après la fin des travaux et, malgré les interventions réitérées, il reste défectueux. L'arrachage des poteaux de l'ancienne ligne dont le coût est cependant fort élevé (8 fr. 50 par poteau) n'a pas été fait. Les poteaux ont été coupés à la hache au ras du sol.

En outre, comme on a négligé de les « désarmer », le matériel d'armement n'a pu être utilisé.

Nous n'insisterons pas davantage. Dépense plus élevée et sabotage des travaux, tels sont les résultats de l'entreprise privée.

Nous ajouterons simplement que le personnel de l'Administration est tenu, par le fait même qu'il assure l'entretien ou la relève des dérangements, d'apporter dans la construction un maximum de conscience professionnelle ne se dissimulant pas qu'un travail mal effectué l'expose fatalement à des accidents graves, parfois mortels.

Mais nous pouvons, en dehors des chiffres précités, indiquer d'autres avantages qui se rapportent à l'activité générale. L'Allemagne, pays classique de la gestion publique, a abouti à un développement considérable des voies de communication, en réalisant la liaison étroite des voies d'eau et des voies ferrées. En France, les Compagnies de chemins de fer ont multiplié les manœuvres contre la navigation fluviale, dans laquelle elle voyait une concurrente. Les chemins de fer français, écrit M. Paul Léon, déploient autant d'ingéniosité pour éviter tout contact avec la voie d'eau que les chemins de fer allemands pour le faire naître. En 1875, le trafic par eau de l'Allemagne s'élevait à 2 milliards 900 millions de tonnes kilométriques contre un milliard 964 millions pour la France.

Mais en 1913 les chiffres correspondants étaient devenus : France 6 milliards 185 millions ; Allemagne 29 milliards. Avant la guerre, les États allemands, propriétaires et exploitants des chemins de fer, tiraient de l'exploitation ferroviaire un bénéfice net de huit à neuf cents millions par an. En France, par les annuités payées, par les garanties d'intérêts, par toutes les charges du système, les Compagnies coûtaient au budget 350 millions par an.

Et M. Edgar Milhaud pouvait écrire à l'avantage du système allemand : « Un milliard d'économies sur les transports par eau ; près d'un milliard d'économies sur les tarifs de chemins de fer ; plus d'un milliard de différence dans les rendements nets pour les budgets des deux pays. Au total et en nombre rond un gain de trois milliards pour l'Allemagne. Ce gain de trois milliards, il signifie, en dernière analyse, une diminution correspondante des frais généraux de la production du pays. »

En France, la réaction patronale, pour diminuer les prix de revient, n'a pas trouvé autre chose que les longues journées de travail et les bas salaires.

*
* *

Et si nous envisageons le déficit budgétaire, nous pouvons bien rappeler qu'à l'heure où le crédit de l'État est quelque peu ébranlé, les organisations capitalistes multiplient leurs tentatives contre les monopoles dont la gestion est loin d'être déficitaire, malgré la majoration réduite des prix de vente. Le monopole des allumettes a laissé en 1920 un bénéfice supérieur à 40 millions pour un chiffre de dépenses évalué à 55 millions 646.000 fr. De 1913 à 1923, les bénéfices réalisés par le monopole des tabacs se sont accrus, bien que les manufactures françaises soient inférioriseés par la dévalorisation du franc dans leurs achats servant à la fabrication de produits supérieurs. Pour l'année 1923, les bénéfices s'éléveront à 1.334 millions pour une dépense totale d'exploitation de 480.500.000 fr. La moyenne de la majoration des dépenses d'exploitation s'élève pour cent à 362,4, et la régie n'a augmenté ses produits que dans une proportion voisine de 115 %. La cession de l'exploitation et de la vente du tabac et des allumettes ne peut qu'entraîner une élévation des prix. Elle ruine l'argument de ceux qui prétendent que l'exploitation par l'industrie privée permettrait à l'État d'accroître ses ressources, car une élévation des prix entraînerait une restriction de la consommation.

LES CRITIQUES CONTRE LES MONOPOLES D'ETAT

Les économistes libéraux considèrent que l'Etat est incapable d'exercer les fonctions d'entrepreneur.

M. Leroy-Beaulieu écrit :

« Il n'a pour cela ni esprit d'initiative parce qu'il n'est pas stimulé par la concurrence ; ni compétence parce qu'il n'est pas organisé en vue de ce rôle ; ni esprit de suite parce que ses représentants sont soumis à toutes les vicissitudes de la politique des élections. D'où il résultera que l'Etat produira plus chèrement que l'entreprise privée, autrement dit que l'on ira en sens contraire du principe hédonistique qui vise au maximum de satisfaction pour le minimum de frais. »

Nous reconnaissons bien volontiers que l'Etat n'a aucun esprit d'initiative et nous notons que M Leroy-Beaulieu lui-même reconnaît que cet esprit d'initiative disparaît en même temps que la concurrence. C'est donc condamner au nom de principes qui ne sont pas les nôtres, non seulement les monopoles d'Etat, mais les monopoles capitalistes à l'abri de la concurrence.

Les économistes de l'école capitaliste objectent qu'il y a contradiction entre les deux buts poursuivis par les partisans des monopoles, l'un qui est un but fiscal, l'autre qui atteint le caractère immuable qu'ils accordent au régime capitaliste.

Nous ne rechercherons pas si le développement des monopoles compromet l'ordre établi. « L'ordre établi » n'est pas le nôtre. Et un régime qui aboutit à concentrer en quelques mains la richesse nationale, qui dessert les intérêts du plus grand nombre, et qui n'a d'autre conclusion que de paralyser par cette concentration l'activité économique ne peut espérer que nous lui manifestions quelque sympathie. Et ce serait pour nous une raison suffisante de défendre les monopoles d'Etat s'ils exerçaient une influence en faveur d'un ordre social répondant mieux aux besoins de la collectivité.

Enfin, les adversaires des monopoles d'Etat soutiennent qu'ils engendrent un fonctionnarisme grandissant, qui encroûte la majorité des citoyens ; « tous les modes d'activité économique se trouvent peu à peu convertis en « places » à conquérir par examens, concours, ou, bien plus souvent, par népotisme et favoritisme. Dans chaque entreprise d'Etat ou municipale, le nombre des places est mesuré non aux besoins du service, mais au nombre de clients à placer. »

Il serait puéril d'affirmer que toutes ces critiques sont sans valeur. Mais elles ne renforcent nullement la thèse des partisans des monopoles capitalistes. Si certaines critiques sont fondées, c'est que l'administration actuelle des monopoles d'Etat est déterminée par des considérations politiques bien plus que par des mobiles d'ordre économique. Le remède réside dans une organisation rationnelle des services publics, dans leur développement continu . C'est la préoccupation des organisations syndicales.

L'ADMINISTRATION ACTUELLE DES MONOPOLES

Les adversaires des monopoles d'Etat oublient qu'au développement des attributions de l'Etat auraient dû correspondre de nouveaux principes de gestion. De purement administrative l'activité de l'Etat est devenue en partie industrielle. Industrielle, l'exploitation des chemins de fer de l'État, des P. T. T., des grands établissements de constructions maritimes et des manufactures. C'est par une gestion inspirée des principes propres à une gestion industrielle que nous pourrons réorganiser et étendre la gestion publique aux industries vitales, aux industries qui, par leur concentration, sont devenues un véritable danger social.

Mais quels sont les procédés propres à une gestion industrielle ?

« 1° La constitution par l'émission d'actions ou d'obligations d'un capital initial ;

2° L'affectation des excédents de recettes à un fonds de roulement ;

3° L'emploi de la comptabilité en partie double avec un compte de profits et pertes et un fonds de roulement ;

4° La confection d'un compte d'établissement distinct du compte d'exploitation de façon à faire apparaître dans les dépenses les charges du capital engagé. »

M. Fayol, dans son « Traité d'administration industrielle et générale », attache à la comptabilité une importance capitale : « Elle doit permettre de savoir à tout instant où l'on en est et où l'on va. Elle doit donner sur la situation économique de l'entreprise des renseignements exacts, clairs, précis.

« Une bonne comptabilité, simple et claire, qui donne une idée exacte des conditions de l'entreprise, est un puissant moyen de direction. »

Mais ces procédés de gestion industrielle sont en contradiction avec nos principes de comptabilité budgétaire.

Ils sont en contradiction « avec la règle du fonds commun » qui exige que toutes les dépenses d'un budget soient couvertes par l'ensemble des ressources normales.

Comment obtenir avec la règle du fonds commun les sommes nécessaires pour constituer un capital initial ?

Et s'il n'y a pas de capital initial, il est impossible de faire apparaître aucune charge de capital dans les comptes.

Enfin, les procédés de gestion industrielle s'opposent également à la règle de « l'annualité » du budget qui élève entre les années financières des cloisons étanches, et

ne permet pas d'établir des programmes de travaux de quelque étendue, ni la constitution d'un fonds de réserves, ni la comptabilité par fonds de roulement. Et ces règles de comptabilité aboutissent à une gestion uniforme de tous les services publics, quel que soit leur caractère administratif ou industriel.

« Gaspillages, lenteurs, inertie des administrations, écrit M. Georges Bonnet, telles sont les conséquences des règles désuètes de notre comptabilité budgétaire. » Mais si nous pouvons à juste titre nous élever contre un tel système de comptabilité budgétaire, nous ne trouvons rien à dire au principe même de la gestion publique. Ce sont les méthodes d'administration de nos monopoles auxquelles il convient de faire subir des transformations profondes.

Déjà, sous la pression des nécessités, on a été contraint de faire d'importantes concessions aux nouvelles formules d'organisation des monopoles.

LE BUDGET DES P. T. T.

Les caractéristiques sont les suivantes :

1° Institution d'un budget annexe divisé en deux sections : l'une affectée aux recettes normales et aux dépenses d'exploitation et d'entretien ; l'autre aux ressources provenant d'emprunts et aux frais d'extension et de perfectionnement des services ;

2° Création d'un fonds d'approvisionnement permettant d'acheter le matériel au moment le plus opportun ;

3° Application des méthodes industrielles par l'établissement d'un compte général d'exploitation, d'un compte des dépenses de premier établissement, d'un bilan annuel ;

4° Création sur les excédents d'un fonds de prévision, d'un fonds d'amortissement du matériel et des installations ;

5° Faculté donnée au Ministre des Postes d'emprunter en émettant, sous le couvert du Ministre des Finances, des obligations amortissables en 30 ans.

*
* *

Certes, l'Administration nouvelle des P. T. T. fait une large part aux exigences d'une gestion industrielle, mais elle demeure cependant dans les cadres de notre organisation administrative.

M. Allix, qui a analysé la réforme effectuée par la dernière loi de finances, en a déterminé les limites. L'autonomie financière est atténuée par le contrôle parlementaire. En ce qui concerne le droit d'emprunt, c'est en fait le Ministre des Finances qui décidera de l'émission de bons ou obligations amortissables dans un délai maximum de trente ans. Les initiatives en matière financière de l'Administration seront ainsi limitées par l'autorité du Ministre des Finances et aussi, il faut le dire, par ses besoins propres.

Enfin, le Conseil supérieur n'est en définitive qu'un organisme consultatif. L'autorité réelle reste au Ministre dont la responsabilité lui fait courir le risque très relatif d'un vote de méfiance du Parlement.

Et pourtant les régies industrielles doivent se dégager — sous peine de faire preuve d'une infériorité manifeste — de l'emprise gouvernementale. Ou elles se confineront dans la routine, ou elles acquerront une personnalité distincte de celle de l'Etat. Si on veut concilier les règles désuètes de notre administration et les exigences de la situation présente, on aboutira à des réformes fragmentaires qui justifieront les critiques contre le principe même de la gestion publique. L'autonomie administrative complétée par l'autonomie financière, au sens vrai du mot, est une nécessité impérieuse. D'ailleurs des exemples pris à l'étranger fortifient notre thèse.

M. Weiss, dans une brochure consacrée à l'exploitation des mines fiscales de la Sarre, appréciait en ces termes l'Administration des Mines :

« Considérée dans son ensemble, l'Administration des Mines est dotée d'une forte organisation qui lui permet de concourir dans le domaine industriel avec les entreprises privées les mieux dirigées. Nous devons constater que, malgré les habitudes d'autorité inhérentes à la race, malgré ce qu'on appelle le caporalisme prussien, *l'Administration est très décentralisée : les responsabilités sont bien définies ; une large initiative est laissée aux agents d'exécution.*

Les directeurs des inspections sont, sous l'autorité directe de la direction générale de Sarrebrück, les maîtres absolus, mais responsables, de leur inspection. Leur autonomie est infiniment plus grande que celle des ingénieurs de bien des compagnies particulières. Le personnel qui les seconde est très discipliné et profondément attaché à la mine. C'est grâce à cette solide organisation que l'Etat prussien, gérant le plus grand domaine minier du monde, est arrivé à de brillants résultats, malgré les difficultés inhérentes à toute exploitation d'Etat. »

Il en était de même de l'Administration des chemins de fer de Prusse :

« Le réseau est subdivisé en vingt et une directions régionales jouissant de la même initiative que les directions locales des mines de la Sarre, déterminant elles-mêmes les caractéristiques de leur matériel, passant les marchés pour la livraison de leurs locomotives, de leurs wagons, de leurs combustibles, prenant des décisions en matière de conditions de transport et de réclamations, sans en référer autrement que par mesure d'information à l'Administration Centrale. Mais, nulle part, on n'est allé aussi loin dans cette voie qu'en Suisse.

« Ici, nous rencontrons tout d'abord la même décentralisation qu'en Prusse. Le réseau est divisé en cinq arrondissements. A la tête de chaque arrondissement est placée une direction de trois membres qui en assure la gestion, en prépare le budget et en dresse les comptes d'exploitation, exécute les travaux de parachèvement, acquiert les immeubles et passe les marchés à concurrence de 100.000 francs, règle les litiges à l'application des tarifs, aux pertes, avaries ou retards des marchandises. A côté de chaque direction fonctionne un Conseil d'arrondissement, composé de quinze à vingt membres, nommés par les cantons ou demi-cantons de l'arrondissement, qui statue sur tous les crédits extra-budgétaires ou les dépassements de crédits, qui approuve les budgets, comptes et rapports annuels de la direction d'arrondissement. »

Actuellement, l'Allemagne se propose de donner à ses chemins de fer un système d'exploitation commerciale. Tout en restant la propriété du Reich, les réseaux ne soumettront plus leur budget au Parlement. Réduits financièrement à eux-mêmes, les chemins de fer contracteront des emprunts. Déjà l'Angleterre leur a consenti un crédit pour achat de charbon. La Reten-Bank leur a avancé 100 millions, et ils ont contracté en outre une dette hypothécaire de 100 autres millions. Dès que les chemins de fer auront rétabli leur équilibre financier, qu'ils commenceront à réaliser des bénéfices, ils seront ramenés sous le contrôle de l'Etat. L'Administration des Postes recevra une autonomie analogue. Elle sera gérée par un Conseil d'Administration de 25 membres nommés par le Conseil des Etats confédérés, par le Reichstag, le Ministre des Finances et par certaines organisations de l'industrie privée. Il est probable que si l'organisation nouvelle, l'autonomie plus accentuée donne de bons résultats, l'Etat allemand se bornera à porter au budget général les « excédents » budgétaires de ces deux services essentiels.

Mais nous insistons sur le caractère de la séparation provisoire de l'Etat allemand et l'administration de ces services. Nous y insistons d'autant plus que M. Georges Valois proposait récemment de constituer une Compagnie fermière des tabacs qui achèterait à l'Etat ses exploitations, à charge pour elle de verser chaque année une redevance destinée aux remboursements de l'Etat à la Banque de France. Nous sommes convaincus que l'instabilité de l'Etat est, pour M. Valois, un argument excellent pour obtenir la cession du Monopole des Tabacs.

« Mais alors qu'en Prusse l'Administration centrale des Chemins de fer relève directement du Ministre des Travaux Publics, en Suisse, la direction générale du réseau et la responsabilité de la bonne marche des services appartiennent à une autorité particulière instituée par la loi : la Direction générale des Chemins de fer fédéraux, qui, en principe, les représentent vis-à-vis des tiers en matière administrative et en justice.

« Cette direction dresse le budget annuel, établit les comptes généraux et rédige le rapport de gestion. Elle étudie et exécute les travaux neufs, dresse les plans et fait l'acquisition du matériel d'exploitation, conclut les conventions avec les autres entreprises de transport, établit les horaires, élabore les tarifs, réglemente les services, contrôle les recettes, surveille les directions d'arrondissement, dont elle ratifie les décisions les plus importantes. Elle est constituée par un collège de cinq membres, nommés pour six ans (leurs fonctions coïnci-

dent avec deux législatures des Chambres), investis d'une autorité et d'une puissance qui les placent au-dessus du Conseil fédéral dont ils émanent. « Le président de la Direction générale, dit M. Gariel, est le véritable chef des chemins de fer fédéraux. »

« Un Conseil d'administration dont la majorité des membres est élue par les cantons et qui représente spécialement le monde des affaires, assiste la Direction générale de ses lumières et de ses conseils. Il examine les plans-types des bâtiments et des machines, les tracés des lignes nouvelles, les propositions sur les améliorations à apporter à l'exploitation ; il approuve les contrats de construction et de livraison dont le montant dépasse 500.000 francs, arrête le projet de budget, examine les comptes et le rapport de gestion et les transmet au Conseil fédéral. Il fixe également les règles de base des barèmes des traitements et élabore les statuts des caisses intéressant le personnel.

« Que l'autonomie des chemins de fer fédéraux soit réelle, c'est ce que montrent les conflits qui éclatent assez fréquemment entre leur directeur et le Conseil fédéral. »

L'autonomie financière ne l'est pas moins.

Elle n'a rien de commun avec ce que l'on a appelé en France l'autonomie « partielle et contrôlée », bien qu'une entreprise autonome constitue un tout et que son caractère d'autonomie disparaît si une autorité supérieure limite ses initiatives et la soumet à un contrôle.

En Suisse, la régie garde pour elle ses bénéfices, de même qu'elle supporte les pertes s'il s'en présente.

« La comptabilité des chemins de fer, dit l'article 7 de la loi fédérale du 15 octobre 1897, sera séparée de celle des autres branches de l'administration fédérale et tenue de manière que la situation financière puisse en tout temps être exactement établie.

« Le produit net des chemins de fer fédéraux est affecté en premier lieu au paiement des intérêts et à l'amortissement de la dette des chemins de fer.

« Les 20 % du surplus des excédents seront versés dans un fonds de réserve spécial, tenu distinct du reste de l'actif des chemins de fer fédéraux, jusqu'à ce que ce fonds ait atteint, avec les intérêts capitalisés, la somme de 50 millions. Les 80 % restant de l'excédent *doivent être employés, dans l'intérêt des chemins de fer fédéraux,* à perfectionner et à alléger les conditions de transport et notamment à réduire proportionnellement les tarifs des personnes et des marchandises et à étendre le réseau suisse, celui des lignes secondaires en particulier.

« Lorsque les recettes ordinaires avec les soldes actifs non employés ne suffisent pas pour payer les frais d'exploitation, les intérêts du capital de premier établissement et l'amortissement, il y a lieu de prendre sur le fonds de réserve le montant équivalent. »

Dans ces conditions, la régie ne diffère financièrement d'une exploitation industrielle privée que par ce fait, tout à son avantage, que n'ayant pas de capital-actions, elle ne paie pas de dividendes et peut appliquer tous ses bénéfices à son perfectionnement.

LES NOUVELLES FORMULES D'ORGANISATION ECONOMIQUE

On s'accorde généralement pour dénoncer l'esprit de réaction qui a animé la Chambre du Bloc National. Mais les élus de 1919 ont surtout fait preuve d'incohérence. La Chambre du Bloc National, qui prétendait réagir contre les errements du passé, a manifesté beaucoup d'enthousiasme pour une politique à la petite semaine, ornée de discours hebdomadaires, éloquents, nuancés, au fur et à mesure que l'on se rapprochait des élections, de préoccupations d'un ordre peu élevé. Néanmoins, nous trouvons dans quelques-unes de ses manifestations des aperçus curieux. Malgré les réquisitoires contre l'étatisme de guerre, l'étatisme stérile, la Chambre s'est efforcée de concilier l'opposition contre l'intervention de l'Etat et celle qui s'attache à « l'égoïsme capitaliste ». Qu'on ne se méprenne pas sur ma pensée, mon intention n'est pas d'atténuer les conséquences funestes de la politique du Bloc National. Je cherche simplement à évaluer, si je puis dire, l'influence exercée — peut-être à notre insu, ce qui est grave —

par les solutions issues de notre mouvement ouvrier.

M. Emile Mireaux a dégagé en ces termes la psychologie de la période d'après-guerre :

« Le capitalisme n'eût pas en définitive pour lui, au lendemain de la paix, une opinion ni une presse bien meilleure que le socialisme autoritaire. Le socialisme, c'était la tyrannie, la servitude ou la révolution et on le repoussait avec horreur. Quant au capitalisme, à la liberté, c'était la reprise de l'éternelle concurrence ; or, la Nation presque entière était dans un état de sentimentalité lasse, qui suit d'habitude les grandes secousses, et elle se laissait aller volontiers à nourrir des rêves de paix, de stabilité et d'harmonie universelle d'où seraient exclues les rudesses de la lutte pour la vie.

« On célébra donc à l'envi la déchéance des vieilles conceptions économiques, non seulement de celles qui n'apparaissaient plus que comme stériles ou dangereuses utopies, mais même de celles qu'une expérience séculaire avait révélées efficaces, solides et fécondes. Une ère nouvelle s'ouvrait. L'adoption de nouvelles formules économiques et sociales devait consacrer son avènement. »

M. E. Mireaux rappelle qu'un grand projet présentant un intérêt national : aménagement du Rhône du triple point de vue de la navigation, des forces motrices et de l'irrigation, venait d'être conçu.

« Pas d'étatisme stérile », disait l'opinion.

Mais M. Léon Périer, dans son rapport à la Chambre, écrivait :

« On craint que des groupes capitalistes ne puissent choisir dans l'ensemble des travaux les parties les plus fructueuses pour les accaparer à leur profit exclusif, au détriment des intérêts de la collectivité. »

Dix-huit mois plus tard, M. Milan, au nom de la Commission des Finances du Sénat, confirmait en ces termes l'adhésion de l'opinion aux nouvelles formules :

« Abandonnerons-nous ce réservoir de richesses à l'entreprise privée, pour permettre à quelques-uns de s'enrichir au détriment de la collectivité ? Il n'y faut pas songer. »

Et il ajoutait : « Il s'agit de trouver une

formule intermédiaire qui tînt le milieu entre les deux conceptions, celle qui voudrait voir l'État, maître de toutes nos richesses, les exploiter lui-même, et la conception capitaliste égoïste qui veut laisser l'exploitation de ces richesses à quelques privilégiés. »

Ainsi on admettait que l'organisation actuelle de l'État ne lui permettait pas l'exploitation rationnelle des services publics, mais on s'élevait aussi contre l'exploitation laissée à quelques privilégiés.

La loi qui règle provisoirement le problème de l'aménagement du Rhône révèle l'influence exercée par les nouvelles formules : « La création et la gestion de l'entreprise seront confiées, non à des individus ou à des sociétés groupant des individus, mais à des collectivités. » Le Rhône sera mis en valeur par « l'association des collectivités intéressées ».

La formule du Rhône a été transportée dans d'autres domaines. Avec quelque scepticisme M. Mireaux écrit : « Elle est en passe, aux yeux de certains, de devenir véritablement la formule qui doit régénérer notre économie et résoudre tous les problèmes. Ni plus, ni moins ».

En ce qui concerne l'exploitation des mines de potasse d'Alsace, M. Ambroise Rendu écrivait : « L'expérience de ces dernières années dans tous les pays du monde a prouvé que l'État anonyme et irresponsable était un mauvais exploitant. »

Mais il ajoutait : « L'expérience du siècle dernier, et plus encore des années qui succédèrent à la guerre, *prouve les abus et les dangers du libéralisme économique*. Abus et dangers restreints quand la délicatesse des consciences, quand la pénurie des moyens de transport, les lenteurs des communications, l'effort limité des banques, l'absence des relations et d'accords internationaux enfermaient industriels, commerçants, spéculateurs dans un cercle étroit d'opérations et d'affaires ; mais aujourd'hui l'envahissement d'une foule de mercantis dans toutes les branches de l'activité humaine, l'énorme développement et l'internationalisation des banques, le téléphone, la T. S. F. autorisent ou facilitent les accords, les spéculations, les trusts de tous les genres, les plus utiles comme les plus dangereux.

Que deviennent, en face de ces forces gigantesques, les droits des plus faibles, la liberté des transactions honnêtes, la sécurité et l'intérêt de l'immense cohorte des consommateurs qui chemine par le monde trop souvent sans chef, sans discipline, sans organisation ? »

Mais la formule du Rhône a trouvé une plus nette expression dans le projet de loi sur la fabrication de l'ammoniaque synthétique.

Les deux cinquièmes du capital sont cédés aux collectivités que se partageront quatre groupes constitués.

Le premier par les syndicats, coopératives et associations agricoles ;

Le second par les chambres de commerce et les syndicats de producteurs de produits chimiques ;

Le troisième par les souscripteurs privés ;

Et enfin le quatrième par les syndicats ouvriers, les coopératives et autres associations ouvrières.

Ces quatre groupes ne disposeront que de six sièges au Conseil d'Administration, et deux de leurs représentants sur six seront désignés par l'ensemble des groupes, afin d'isoler leur désignation de toute préoccupation particulière.

L'État possédera les trois cinquièmes du capital et nommera quatorze membres du Conseil d'Administration. Mais, directement, il n'en déléguera que quatre. Les dix autres délégués désignés par lui seront présentés au préalable par les collectivités intéressées.

Nous ajouterons que le Conseil d'Administration peut emprunter sans autorisation dans la proportion des 3/5 du capital initial et que la formule nouvelle répond au résumé donné par M. E. Mireaux : « Création d'organismes autonomes, propriété de la Nation ; gestion de ces organismes par un groupe de collectivités représentant les consommateurs, les techniciens, les ouvriers et enfin l'État. »

CONCLUSIONS

Je me suis efforcé de marquer l'influence exercée par « les nouvelles formules d'organisation économique » dans le cadre du régime capitaliste ; formules d'organisation qui tendent à lier l'intérêt du producteur et du consommateur, victimes à un double titre des excès du libéralisme économique.

Notre mouvement ouvrier peut sans vanité apprécier la valeur de ses formules. Car ce sont bien « ses formules » qui ont prévalu dans les divers projets dont nous avons brièvement rappelé les caractéristiques essentielles.

M. Emile Mireaux qui fait partie de « l'équipe Poncet », selon la formule de M. Romier, l'a reconnu nettement. « Au lendemain de la paix, écrit-il, les dirigeants de notre Confédération Générale du Travail se crurent appelés à recueillir l'héritage de la bourgeoisie agonisante, et ils se préparèrent sérieusement à assumer cette lourde responsabilité. Ils créèrent le Conseil Economique du Travail chargé d'élaborer les plans de la cité idéale de demain. Un certain nombre de projets sont sortis de ses délibérations : un « projet d'économie nationale », un « projet de nationalisation industrialisée des chemins de fer », un « projet de régie nationale des mines ». Ils ressemblent au plan Bauer comme des frères cadets et à ceux de la potasse et de l'ammoniaque synthétique comme des aînés. »

Sans doute, M. Emile Mireaux dénonce ce qu'il appelle une « mystique sociale », reproche à la classe bourgeoise de faire du socialisme, comme M. Jourdain faisait de la prose ; il n'empêche que le libéralisme économique est à son déclin, et que c'est notre mouvement syndical, malgré la crise qu'il traverse, qui a indiqué les véritables solutions correspondant à l'intérêt général. Une mystique sociale, lorsqu'elle triomphe, lorsqu'elle pénètre les institutions, cesse d'être une mystique. C'est ce que le Cartel doit préciser au cours de la campagne d'agitation qui va s'ouvrir, en dénonçant les dangers des monopoles capitalistes, et en indiquant l'impérieuse nécessité de réformer l'Administration actuelle des monopoles par la pleine autonomie financière et administrative, l'unité de direction et la responsabilité à tous les degrés.

Salaires - Vie chère

Rapporteur : DIGAL.

Depuis quelques mois nous enregistrons les efforts des organisations ouvrières pour obtenir des relèvements de salaires qui compensent la hausse du coût de la vie.

Entre le 1er août 1914 et le 1er mai 1923, on distingue quatre périodes dans le mouvement des salaires. La première s'étend d'août 1914 à la fin de 1915. Elle est marquée par une baisse générale et assez accentuée des salaires dans l'industrie privée.

La seconde allant de 1916 à l'automne 1920, accuse une hausse continue des salaires (au mois de septembre 1920, ce fut le point culminant de la courbe des prix ; le nombre-indice était monté, à cette date, à 537). Une nouvelle période de baisse commence à la fin de 1920. Elle se termine à la fin de 1922. Actuellement, nous enregistrons une tendance marquée vers la hausse.

1194. 1915.

BAISSE DES SALAIRES

Nous indiquerons sommairement les différentes phases d'ordre général des quatre périodes envisagées. Nous consacrerons une partie du rapport à l'étude de notre situation particulière et des solutions intervenues depuis 1917.

Dès la déclaration de guerre, un grand nombre d'établissements fermèrent leurs portes. Les statistiques indiquent que 57 % des usines travaillaient avec 44 % de leur personnel normal. En octobre 1914, la mobilisation avait enlevé les travailleurs de toutes les professions; les mesures prises paralysaient le crédit ; les événements de guerre perturbaient ce qui restait d'activité économique.

Dès lors, les ouvriers non mobilisés connurent le chômage où la diminution des salaires féminins furent les plus atteints.

Les ouvrières durent subir les réductions de salaires très accentuées Dans le textile, la soierie, la couture, la mode, la lingerie, elles s'échelonnent de 25 à 50 %. Au début de la guerre, des ouvrières à domicile continuèrent à toucher des salaires invraisemblables de 0.05 à 0.10 par heure.

Cette situation dura, dans l'ensemble, jusqu'à la fin de 1915, mais en 1916 les conditions économiques générales se modifient. Les fabrications de guerre, l'afflux d'étrangers civils et militaires, développent la consommation. Les besoins de main-d'œuvre entraînent une majoration de salaires.

1916-1920.

RELEVEMENT DES SALAIRES

Le réajustement des salaires s'opère naturellement au début, mais l'action ouvrière devient nécessaire pour l'accélérer. Les statistiques indiquent que la proportion des grèves pour le réajustement des salaires ne cesse de s'élever jusqu'en 1917 : de 62 % du total des conflits en 1913, ces grèves atteignent les pourcentages suivants : 1914, année entière, 63 %; août-décembre (1914), 72 % ; 1915, 77 % ; 1916, 84 % ; 1917, 90 %.

Sous l'influence de l'action ouvrière, les contrats collectifs visant particulièrement les réajustement des salaires se sont accrus.

Diverses mesures prises par les Pouvoirs publics ont contribué à établir une certaine harmonie entre les salaires et le coût de la vie. La loi du 10 juillet 1915 fixa un salaire minimum pour les ouvrières à domicile. De son côté, le Ministre du Travail s'appliqua à surveiller l'application des décrets du 10 août 1899, qui réglementent les salaires dans les entreprises de travaux publics et de fournitures destinées à l'Etat. Plus tard, le Ministre de l'Armement fit dresser des bordereaux de salaires assurant un minimum de rétribution. Ce minimum comportait, en général, deux éléments : l'un fixe, le salaire de base et l'autre variable, l'indemnité de vie chère. Mais il convient de noter que, si les salaires n'ont cessé de s'élever de 1916 à 1920, la hausse des prix s'est manifestée plus rapide, plus élevée encore.

On a pu relever, dans les salaires agricoles, une hausse de 350 sur la base de 100 en 1914 ; dans le bâtiment, une hausse de 200 à 300 % ; dans les mines de 238 % ; dans la confection de 140 %.

Mais il faut tenir compte, dans ces majorations, du chiffre de base. On nous a souvent objecté que les petits fonctionnaires avaient bénéficié de la plus forte majoration. On oublie, simplement, de tenir compte de la modicité du chiffre de base. Ainsi, pour les ouvrières à domicile, la hausse a atteint 700 à 800 %, mais cette majoration est établie sur les salaires de famine que nous avons rappelés (0.05 et 0.10 de l'heure) et nous ajouterons qu'à l'époque où ces majorations de salaires étaient enregistrées, le coût de la vie avait quadruplé.

M. Roger Picard qui a consacré de nombreuses études au mouvement des salaires, écrit : « Dans les intéressantes conclusions de son étude sur les salaires, en divers pays, M. Dugué de Bernonville, constate que les salaires ont diminué pendant la première année de la guerre, puisque l'écart entre la hausse des prix et la baisse des salaires s'atténue progressivement jusqu'en 1919. A partir de cette date les salaires augmentent plus vite que les prix, si bien que vers la fin de 1920, le pouvoir d'achat des salaires se trouve égal à ce qu'il était avant la guerre. » Ces conclusions, ajoute M. Roger Picard, ne s'adaptent pas complètement à la situation de la France, car, c'est dans les pays où le coût de la vie a le moins augmenté que le pouvoir d'achat du salaire s'est le plus élevé ; or, la France n'a pas compté parmi ces pays favorisés.

« Si quelques catégories d'ouvriers se sont trouvées bénéficier d'un écart favorable entre la courbe des salaires et la courbe des prix, cela n'a pu se prolonger bien longtemps et, dans la majorité des cas, la hausse des salaires a tout juste permis l'adaptation aux prix des choses sans permettre de récupérer les pertes subies pendant la période de 1914-1915 de dépression des salaires. »

1921-1922.

CRISE ECONOMIQUE ET BAISSE DES SALAIRES

On se souvient que pendant les derniers mois de 1920, la presse a consacré de longs articles à la baisse. On revenait, paraît-il, aux prix d'avant-guerre. Les « hauts salaires » étaient considérés comme la hausse essentielle de la vie chère. Les Commissions instituées dans chaque région, en vertu du décret de février 1920, signalèrent une baisse des prix. C'est sous l'influence de la baisse enregistrée à la fin de 1920 que le Parlement vota l'article 39 de la loi de Finances, stipulant que les traitements des fonctionnaires devaient être revisés. Nul doute que l'opinion parlementaire était convaincue que revision devait signifier diminution. L'action menée par nos organisations, pour le maintien des 720, répondait donc à une menace réelle. Si nous avons réussi à les maintenir, il est juste de reconnaître que le patronat réussit à imposer des diminutions appréciables des salaires. Ainsi, les tonneliers de Lyon virent leurs salaires diminués de 140 % dans le premier trimestre de 1921 et de 8 % dans le second. A Dijon, dans le vêtement, la baisse atteint 16 % dans le premier trimestre 1921 ; elle est, dans le même temps, de 16 %, chez les typographes lyonnais et de 12 % chez les métallurgistes de Vienne.

Beaucoup d'organisations subirent passivement les conditions du patronat, mais souvent des syndicats tentèrent de s'y opposer. Nos camarades se souviennent de la grande grève des Syndicats de Roubaix-Tourcoing qui aboutit à une transaction comportant néanmoins une diminution de salaires. La baisse de salaires fut, dans beaucoup de cas, plus accentuée que la baisse des prix.

LES TENDANCES ACTUELLES

On a enregistré une reprise des affaires dès le second semestre de 1922, en même temps que la résistance ouvrière s'accentuait pour le relèvement des salaires. Au début de 1921, environ 10 % des grèves engagées contre la réduction des salaires sont couronnées de succès ; mais déjà, au cours du second trimestre de la même année, « le nombre des grèves engagées pour l'augmentation l'emporte sur les simples grèves de résistance à la baisse. »

Les contrats collectifs comportant des clauses relatives aux salaires mobiles, de nouveaux contrats sont conclus. On enregistre un mouvement tendant à la hausse des salaires.

Nous ne relaterons pas les réajustements obtenus par diverses corporations. Nous avons relaté les caractères divers de l'action engagée par les travailleurs pour maintenir leurs salaires au niveau du coût de la vie. Il nous reste maintenant à examiner les différentes phases du mouvement chez les fonctionnaires, qui correspondent à celles qui se sont déroulées chez l'ensemble des travailleurs des Services publics.

LE MOUVEMENT DES TRAITEMENT ET INDEMNITES CHEZ LES FONCTIONNAIRES

En ce qui nous concerne, on peut distinguer également quatre périodes :

La première commence à partir du 1er janvier 1917, date à partir de laquelle fonctionne le régime des allocations temporaires. La loi du 7 avril 1917, applicable rétroactivement à partir du 1er janvier 1917, accorde une indemnité annuelle de cherté de vie de 120 francs à tous les fonctionnaires célibataires dont les traitements ne dépassent pas 2.000 francs.

Pour les fonctionnaires mariés, l'indemnité est fixée à 180 francs jusqu'au traitement de 3.000 francs.

En outre, les fonctionnaires chargés de famille touchent en sus une majoration de 100 francs par enfant de moins de seize ans, jusqu'au traitement de 3.600 francs, s'ils ont un ou deux enfants et jusqu'au traitement de 4.500 francs s'ils ont plus de deux enfants.

La loi du 4 août 1917, applicable à partir du 1er juillet de la même année, supprime les indemnités de cherté de vie et les majorations pour enfants, instituées par la loi du 7 avril 1917, et les remplace par un supplément temporaire de traitement et une indemnité pour charges de famille.

Le supplément temporaire est fixé à 540 francs par an pour les agents dont les émoluments n'excèdent pas 3.000 francs ; 300 francs pour les agents dont les émoluments sont compris entre 3.600 et 5.000 francs. L'indemnité pour charges de famille est fixée à 100 francs par an pour chacun des deux premiers enfants, et à 200 francs par an en sus du second.

La hausse du coût de la vie entraîne le vote de la loi du 22 mars 1918, applicable à partir du 1er janvier 1918. Elle relève de 540 francs par an le supplément temporaire fixé à 540 francs et à 360 par la loi du 4 août 1917. Le supplément temporaire ne vaut que pour les fonctionnaires dont les émoluments nets ne dépassent pas 6.000 francs. Autrement dit, le supplément temporaire de traitement est porté à 1.080 francs par an pour les agents dont les émoluments nets ne dépassent pas 6.000 francs et à 900 francs pour ceux dont les traitements ne dépassent pas 8.000 francs. D'autre part, l'indemnité pour charges de famille est portée, pour les fonctionnaires dont les émoluments ne dépassent pas 8.000, à 150 francs par an et par enfant, pour chacun des deux premiers, et à 300 francs par enfant en sus du second.

Enfin, la loi du 14 novembre 1918 institue au profit des fonctionnaires, à compter du 1er juillet 1918, une indemnité exceptionnelle du temps de guerre et un supplément pour charges de famille. L'indemnité du temps de guerre et le supplément pour charges de famille ont tous deux été maintenus après le relèvement général des traitements.

Les lignes qui précèdent indiquent que les fonctionnaires, l'ensemble des travailleurs des Services publics, disposent de ressources qui ne correspondent pas au coût réel de l'existence. Si on relient le chiffre-indice de 3,5 et qu'on reprenne le traitement minimum établi pour 1914 par la Commission Hébrard de Villeneuve, nous pouvons établir que le traitement de début ne devrait pas être inférieur à 5.400. Mais il convient de rappeler que l'indice 3,5 ne correspond pas à la réalité. Au cours de la discussion relative aux 1.800, M. Loucheur a déclaré que la majoration du coût de la vie oscillait entre 3,5 et 3,8. Dernièrement, au Conseil Supérieur des Chemins de fer, M. Colson a justifié la majoration des tarifs en évaluant la majoration du coût de la vie à 4,5. Mais ce qui est plus particulièrement angoissant, ce n'est pas le coût élevé de l'existence, c'est son instabilité. De janvier 1923 à octobre 1923 — c'est-à-dire avant la majoration de 20 % de tous les impôts — le coût de la vie s'est élevé de 309 à 349. Les majorations fiscales proposées par le Gouvernement ont contribué, avant même qu'elles aient été ratifiées par le Parlement à accélérer la hausse. Enfin la dépréciation de notre monnaie, la brusque poussée des changes le 14 janvier, renouvelée depuis, malgré les affirmations relatives à l'équilibre budgétaire, nous a révélé que nous étions à la merci d'une panique, d'une crise de défiance à l'égard du crédit de l'Etat. Ainsi, l'instabilité, les variations brusques du coût de la vie nous placent dans une situation extrêmement critique. Et nous pouvons reprendre à notre compte l'opinion émise en octobre 1923 par la Centrale syndicale allemande :

« Dans cette question, déclarait la C. G. T., en réponse à une opinion émise par le Ministre Streseman, le point décisif n'est pas la valeur théorique de la rétribution du travail, mais son pouvoir d'achat. Avant la guerre, l'ouvrier pouvait acheter, avec le produit d'une heure de travail, une livre de bonne viande. Actuellement, il lui faut travailler huit heures pour y arriver.

« Ce fait tient à ce que les augmentations successives des prix des marchandises se produisent plus rapidement que celles des salaires et que lorsque les travailleurs reçoivent le salaire hebdomadaire convenu d'avance, le coût de la vie est déjà beaucoup plus élevé qu'au commencement de la semaine. »

En d'autres termes, la dépréciation continue d'une monnaie aboutit à cette conclusion :

Le travail qui représente toujours une valeur réelle est payé en valeur dépréciée, en fausse monnaie. Il serait puéril de considérer que l'action syndicale doit aboutir simplement à l'augmentation nominale d'un salaire représenté par une monnaie qui se déprécie chaque jour un peu plus. Si on nous permet de tracer une image, nous dirons que le problème actuel des salaires peut être représenté par un pain de sucre sur lequel coulerait un filet d'eau. Le pain fond d'autant plus rapidement que la quantité d'eau et l'intensité du courant s'accroissent. Il serait enfantin, si l'on veut préserver le pain de sucre, de recourir à une action qui ne serait pas dirigée contre la cause qui provoque la dissolution du sucre, c'est-à-dire contre le liquide.

*
**

L'action que nous engagerons intéresse toutes les victimes de la vie chère. Mais elle intéresse plus particulièrement ceux dont la fixité des ressources ne permet pas de résister aux brusques variations du coût de la vie.

*
**

La réaction patronale, approuvée par le Gouvernement et la majorité parlementaire, affirme que la cause de la vie chère réside dans la hausse exagérée des salaires et la limitation abusive de la journée de travail. Nous examinerons la valeur de cet argument, mais au préalable nous tenons à indiquer quelles sont les causes véritables de vie chère, les responsables et les profiteurs.

LA POLITIQUE EXTERIEURE

Bien que les gouvernants aient contribué à tromper grossièrement l'opinion publique, en affirmant que la victoire militaire nous assurait à la fois et la gloire et l'abondance — le ministre Klotz n'a-t-il pas affirmé aux applaudissements de la Chambre que l'Allemagne nous payerait plus de quatre cents milliards de marks-or ? N'a-t-il pas reconnu cyniquement que son chiffre, sa formule « l'Allemagne paiera » avaient surtout une formule électorale ? — nous es-

périons que les faits, la ruine générale de
l'Europe, le désordre économique incite-
raient les gouvernants à rechercher les
moyens de conjurer la crise par une collaboration des peuples, des vaincus et des
vainqueurs... pour employer la formule officielle. Mais on a préféré lire et relire les
articles d'un traité à la manière d'un juge
qui, penché sur le code, persisterait à ignorer toutes les contingences de la vie. Le
résultat obtenu, c'est l'isolement de notre
pays, et en vertu de l'interdépendance de
plus en plus étroite des nations, la coali-
tion de tous les intérêts menacés par notre
politique. On a établi que les oscillations de
la valeur du franc correspondraient aux
événements de la politique extérieure. La
situation économique s'est améliorée. Notre
déficit commercial s'est atténué. De 2.296
millions en 1921, il est revenu à 1.463 millions de francs en 1923. Sans doute,
M. Romier a expliqué que notre activité
économique était une fièvre artificielle qui
donnait l'impression de la prospérité ; que
deux faits déterminaient cette relative fortune : la dépréciation du franc et la disparition progressive de la concurrence allemande sur le marché mondial. Mais, malgré
ces réserves, on enregistrait une tendance
à l'amélioration, on notait que l'équilibre
du budget était réalisé. Les dépenses diminuaient, les recettes étaient de plus en plus
élevées : 14 milliards en 1920, 18 milliards
en 1922, 21 milliards en 1923.

En 1922, la valeur moyenne du dollar
s'est élevée à 12,02, la livre à 59. En 1923,
c'est notre entrée dans la Ruhr ; la valeur
moyenne est évaluée à 16,41, la livre à 80,
si on néglige la brusque poussée du 14 janvier. Et après le vote des deux décimes...
le 26 février, le cours de la livre coté en
Bourse s'élève à 100,52 et le cours du dollar à 22 fr. 46. Notre franc vaut 22 centimes
à New-York, 24 à Genève, 25 à Londres.
L'argument du déficit budgétaire, cause
principale de la dépréciation du franc, est
relégué au second plan. Et la cause principale, la cause essentielle, a été indiquée par
Vincent Auriol au cours de la séance du
26 janvier : « Jusqu'en 1919, la digue de la
solidarité interalliée avait retenu la monnaie. En 1919 la rupture est accomplie, et
c'est la crue du change, l'inflation brusque,
la montée des prix. »

En 1920 le franc, qui s'était arrêté,
redescend. Il redescend au lendemain du
vote des impôts qui ont contribué à l'élévation du coût de la vie et à une aggravation de l'injustice fiscale.

En 1921, c'est encore l'accord entre les
alliés. Le dollar tombe à 12 fr., la livre
à 58. Conférences de Cannes, de Gênes ; la
baisse s'accentue. Puis c'est la rupture. Et
l'influence de notre politique extérieure est
ainsi précisée par V. Auriol :

« Cannes, 12 janvier 1922 : livre 51,18 ;
dollar 12,09.

« Conférence de Gênes, mars, avril, mai :
livre 48,45, 48,17 ; dollar : 10,93, 10,08.

« Annonce du Comité des Banquiers : le
niveau se maintient. La conférence échoue ;
le 13 juin : livre 56,58 ; dollar 12,69.

« Conférence de Londres. Effort de conciliation : livre 53 ; dollar 11,90.

« Echec de la conférence : livre 71,81 ;
dollar 16,06. »

Puis c'est la chute du franc à chaque
tentative d'accord qui échoue. L'entrée dans
la Ruhr accentue la montée des devises. Et
un économiste cité par Auriol peut écrire :

« Chaque fois que l'espoir parut fondé
dans une entente interalliée, le franc se
releva. Chaque fois que cet espoir parut
s'éloigner, la chute du franc s'aggrava. »

*
* *

Ainsi apparaissent les causes détermi-
minantes de l'avilissement de notre monnaie, de l'abaissement du pouvoir d'achat
de nos salaires. L'interdépendance des nations ne permet plus aujourd'hui à une
nation de se confiner dans un chauvinisme
tapageur Pour améliorer la valeur de notre
monnaie, pour faire disparaître une des
causes essentielles de la vie chère, il faut
rechercher les moyens d'organiser une
paix durable. Il faut créer en France « une
volonté de paix ». Les militants du Cartel
serviront à la fois les intérêts immédiats et
les intérêts d'avenir de la classe ouvrière en
dénonçant vigoureusement une telle politique, qui constitue le pivot autour duquel
évoluent toutes les autres causes de vie
chère. Celles-ci, bien qu'elles ne soient pas
négligeables, peuvent être considérées
comme secondaire, mais la politique extérieure contribue à fortifier le marasme éco-

nomique, maintient un état d'instabilité qui, à son tour, crée un esprit de méfiance générale à notre égard et permet à tous les intérêts compromis par cette politique de se coaliser contre nous.

LA DEPRECIATION DU FRANC SERT LES INTERETS CAPITALISTES

De bons esprits n'ont pas ménagé les critiques aux militants qui se sont efforcés de propager l'idée d'une croisade contre la vie chère. Sous le couvert de nous ne savons quel révolutionnarisme, ils ont accusé les militants de la C. G. T. de desservir les intérêts de la classe ouvrière. Ils ont prétendu que le « syndicalisme d'intérêt général » constituait une dangereuse déviation. Nous ne tenterons pas, pour nous justifier, bien que ce serait facile, de présenter des références « révolutionnaires ». Nous demanderons simplement aux faits de confirmer notre thèse.

La dépréciation du salaire a pris, en Allemagne, un caractère aigu. Si l'Etat a été ruiné, si les classes moyennes ont été réduites à la misère, si la classe ouvrière allemande est soumise à un véritable régime de sous-consommation, une minorité a édifié, sur la ruine générale, des fortunes scandaleuses. La dépréciation de la monnaie allemande a eu pour corollaire immédiat une hausse des prix considérable.

La *Gazette de Francfort* a établi l'index des prix de gros pour 98 articles. Si l'on désigne par 100 le niveau des prix d'avant-guerre, le niveau monte en janvier à 1.997, en janvier 1921 à 2.153, en janvier 1922 à 4.282, en juillet à 9.267, en septembre à 29.675, en octobre à 44.089, en novembre à 94.492, en décembre à 166.495, et pour abréger, disons qu'actuellement un rentenmark-or correspond à un trillion 110 milliards de marks-papiers et que les prix de gros ont suivi une progression identique. Mais cette dépréciation précipitée a créé une véritable oligarchie, dont la puissance est considérable. D'ailleurs, voici en quels termes s'exprime le comte Keyserling, que M. Lichtenberger considère comme l'un des penseurs les plus en vue de l'Allemagne moderne :

« Le premier rôle historique, écrit-il, appartient dorénavant à l'Economie ; elle disposera bientôt de toute la puissance effective, et cela malgré l'intervention de l'Etat, parce qu'elle appartient à un groupement supra-national, et, comme tel, beaucoup plus puissant. Les masses ne règnent qu'en de courtes périodes de convulsions ; puis elles cèdent leur pouvoir à des Césars, et les Césars économiques sont plus puissants en principe que les Césars politiques, d'abord parce qu'ils sont plus insaisissables, et ensuite parce que leur existence se justifie de manière plus évidente. Toute entreprise doit être centralisée ; un seul doit diriger en dernière instance. Or, si des Césars intelligents arrivent au pouvoir, alors ils seront, en leur qualité de rois de l'industrie, beaucoup plus puissants que les Césars politiques. Ils sont plus indépendants et plus libres ; et aujourd'hui ce sont ces qualités qui importent. Les Etats sont en faillite ou sur le bord de la banqueroute. Les masses, par suite de leurs luttes excessives, sont affaiblies moralement. Ce sont des individualités puissantes qui vont déterminer, en première ligne, le progrès.»

La destruction des classes moyennes, la ruine de l'Etat ont effectivement développé une oligarchie toute puissante. Et cette oligarchie a provoqué un nivellement des traitements et salaires par le bas. Les professions libérales ont été particulièrement atteintes. On enregistre aujourd'hui une prolétarisation générale. La minorité capitaliste s'est mise à l'abri de la dépréciation du mark par des placements à l'étranger. Par la constitution de trusts, par les emprunts contractés avant guerre, par la création de dettes fictives, par tout un système ingénieux, les capitalistes allemands ont réussi à payer le travail en fausse monnaie, tout en récupérant des valeurs réelles. D'ailleurs on a signalé en France, au moment de la brusque poussée des changes, des évasions de capitaux. Le vice-président de la Commission des Finances a invité par lettre le Ministre à prendre des mesures. Qu'on nous permette d'ouvrir une parenthèse sur ce point. Lors de la discussion parlementaire des deux décimes, M. Vincent Auriol a cité la lettre ci-dessous émanant du Comité des Forges :

FORGES DE HAYANGE ET MOYEUVRE

Les petits-fils de François de Wendel & Cie

« *Hayange, janvier 1924.*

« Messieurs,

« Nous vous remercions de vos propo-
« sitions du ... courant, mais nous re-
« grettons de ne pouvoir accepter vos
« propositions qui sont d'au moins 50 fr.
« français trop bas. *Les prix seraient à*
« *nous payer en livres sterling corres-*
« *pondantes.* D'autre part, nous ne pou-
« vons naturellement livrer que nos
« produits approchants et nos formats.
« Agréez, Messieurs...

« Pour les petits-fils de François de
« Wendel et Cie,

« *Le chef de service des ventes.* »

Et maintenant écoutons M. de Wendel
lui-même qui a tenu à répondre immédiatement à Auriol.

« Je crois, Messieurs, que tout industriel,
tout commerçant — et je pense que vous
partagez mon avis — qui a à vendre ses
produits à l'extérieur et qui n'est pas un
spéculateur de profession, a intérêt à les
vendre dans la monnaie la plus stable,
autrement dit la monnaie dont la valeur
intrinsèque a le moins de chance de varier
entre le moment où le contrat est conclu
et celui où le payement des marchandises
se trouvera effectué. »

Et ainsi, si en France le franc se déprécie, M. de Wendel estime que l'intérêt du
commerçant, de l'industriel, lui commande
de vendre dans la monnaie la plus stable.
Le malheur, c'est que les ouvriers qui ven-
dent leur travail n'ont pas le moyen
d'échanger leurs francs contre une monnaie
stable, contre une monnaie dont la valeur
intrinsèque a le moins de chance de varier.
N'insistons pas davantage.

L'oligarchie capitaliste allemande, non
seulement se livre à l'égard du travail à une
véritable escroquerie, mais ses ambitions
vont plus loin. Toutes les fois qu'on a demandé son aide pour un assainissement
financier, elle a posé ses conditions.

En 1921, lorsque le Gouvernement s'est
adressé aux industriels et aux banquiers pour
obtenir des valeurs-or pour arrêter la baisse
du mark, « ils exigèrent en retour un allè-

gement des impôts qui les frappaient ». Un
peu plus tard, « la Fédération des industriels
allemands, réunie en Congrès à Munich,
accepta de mettre le crédit de l'industrie à
la disposition de l'Etat pour l'aider à
s'acquitter de ses obligations financières
envers les alliés, mais elle imposa, entre
autres conditions, la remise des chemins de
fer à une société privée ». C'est chose faite
aujourd'hui. Bien que des affirmations aient
été formulées quant au caractère provisoire
de la cession, il est hors de doute que les
syndicats ouvriers devront lutter pour arracher à la minorité capitaliste les gages
qu'elle détient. Nous disons que les syndicats devront lutter, bien que nous n'igno-
rons pas que les organisations syndicales
allemandes traversent une crise financière
très grave. C'est une première garantie
contre l'action ouvrière. L'industrie, après
l'agriculture, en a acquis une seconde par
le paiement en nature.

Et M. Jules Decamps a pu écrire dans la
Revue de Paris : « Ce n'est pas pour permettre aux ouvriers d'échapper aux conséquences de la dépréciation du mark que
cette pratique s'est étendue dans l'industrie.
C'est bien plutôt pour faciliter aux em-
ployeurs la compression des salaires ou, du
moins, pour qu'ils puissent modérer plus
aisément leur ascension, à mesure que flé-
chissait le pouvoir d'achat. »

Et, ajoute M. Decamps, « un tel système
lie plus étroitement l'ouvrier à l'entreprise.
En réduisant au minimum la rémunération
en espèces, on rend la grève plus difficile. »

Sommes-nous à l'abri de tels agissements ? Nous ne le croyons pas, car nous
sommes à la merci d'une dépréciation
brusquée et encore plus accentuée de notre
monnaie, d'une dépréciation profitable à
une minorité de ploutocrates. Il y a quelques
mois un chroniqueur financier écrivait ces
lignes que nous reproduisons volontiers, car
elles n'ont rien perdu de leur actualité :

« Accélérer le mal de décomposition de
la monnaie ; mettre, grâce à lui, toutes les
les richesses objectives de leur côté, réaliser
en grand la dépossession totale de l'Etat,
ce qui est autre chose d'autrement excitant
et génial que de le piller partiellement,
aujourd'hui de ses postes, demain de ses
tabacs, après-demain de ses chemins de
fer ! Laissons tout cela : rendons l'Etat

insolvable, détruisons la monnaie et toutes ces richesses vont nous tomber dans la poche comme par enchantement !

« Demain M. de Wendel aura, comme Stinnes, plus de crédit que l'État lui-même et c'est lui qui dictera ses lois à la signature publique. Votre papier, je n'en veux plus, non là ; vos chemins de fer, vos postes, vos tabacs, si vous voulez que le peuple ait encore du pain et que nous fassions les frais de l'ordre et de l'apparente légalité.

« Enfoncé le programme Deschamps par la pratique de la dévalorisation, laquelle est un véritable miroir pour chasseurs, non pas d'alouettes, cette fois, mais de grosses proies. »

LA SITUATION FINANCIERE

Lors de la discussion des nouvelles charges fiscales, c'est le rapporteur général du budget à la Chambre qui affirmait que le budget serait en équilibre par le vote des impôts nouveaux.

En octobre 1923, le Gouvernement dénonçait ceux qui se laissaient aller au découragement. Notre pays, disait-il, a fait un grand effort pendant la guerre. Ne le décourageons pas par des chiffres d'un pessimisme exagéré. Le 26 octobre 1922 le Ministre des Finances déclarait : « Est-il bien facile, dans l'état actuel des choses, d'augmenter de 200 millions le produit sur les bénéfices agricoles, d'augmenter dans des proportions considérables les droits de circulation sur les vins, les droits de successions ? Je ne le crois pas. » Et comme on ne pouvait nier le déficit, on trouva le remède dans la motion exposée par M. Brousse.

« Il sera pourvu au déficit du budget de l'exercice de 1923 par une émission de bons de la Défense Nationale ». C'était maintenir le système dont on a usé et abusé pendant la guerre. Aux remarques de M. André Lefèvre touchant les embarras du Gouvernement pour l'équilibre budgétaire, le Ministre des Finances répondait : « L'équilibre du budget ne me gêne en aucune façon et les conditions de son établissement ne seront pas plus mauvaises que cette année ». Il est vrai qu'au rappel des paroles qu'il avait prononcées, le Ministre a cru devoir préciser qu'il n'avait prévu que le budget ordinaire. Et la précision apportée par le Ministre révèle simplement qu'on persiste à user d'artifices de comptabilité pour dissimuler l'état véritable de nos finances. Qu'on divise les dépenses en deux ou trois parties, on aboutira sur le papier à des chiffres moindres, mais en fait le total ne sera nullement modifié. Nous ne nous attarderons pas à critiquer de telles méthodes de comptabilité. Nous constaterons simplement, avec M. Bérenger, « que si singulière que la chose puisse paraître, il n'y a nulle part en France, au Ministère des Finances ou ailleurs, une comptabilité générale de la Nation ». M. Gaston Jèze a révélé à la semaine fiscale que « l'on ignorait le montant de la dette flottante », que les documents officiels indiquaient, avec plus ou moins de précision, une erreur de 10 milliards !!! qu'en réalité le déficit ne pouvait être chiffré en raison des emprunts souscrits sous forme de dette flottante. Enfin, dans les « Problèmes financiers de la guerre », cités par M. Bérenger, M. Celier, l'ancien directeur au mouvement général des fonds jusqu'en 1921, a révélé : « Personne, si surprenant que cela puisse paraître, ne sait aujourd'hui ni le montant de nos recettes, ni de nos dépenses, ni celui de notre dette. Depuis sept ans, il n'y a plus ni comptes ministériels, ni compte général des finances. Autant que je puis le savoir, les écritures du Trésor ne sont même pas centralisées. La Direction du Mouvement général des fonds fait parvenir chaque mois, pour informations et sous toute réserve, aux Commissions financières des deux Chambres, une situation de la Trésorerie et un état de la dette, mais, à défaut de chiffres comptables, ces documents sont établis sur de simples indications statistiques et celles-ci se révèlent assez incomplètes et fragiles. Seule, une prompte et énergique réorganisation du Ministère des Finances nous permettra d'y voir clair et fournira l'instrument indispensable à notre politique. »

C'est donc en formulant au préalable les réserves les plus expresses que nous rappelons les chiffres fournis par M. Bérenger au groupe de la gauche démocratique du Sénat.

Le Passif

Quel est actuellement le passif de la France ?

Au 30 septembre 1922, il s'établissait ainsi :

Dette publique

a) *Dette intérieure :*

Dette perpétuelle ..... 100.439 millions
Dette à terme .... 56.196 —
Dette flottante .... 94.318 —

Total ...... 250.953 millions

b) *Dette extérieure :*

Dette politique .... 72.330 milions
Dette commerciale .... 13.711 —

Total ...... 86.041 millions

Total général de la dette
publique .... 336.994 millions

A ce chiffre, M. Bérenger ajoutait la dette légale des réparations qu'il évaluait à 132 milliards. Le total du passif était ainsi établi :

Liquidation des comptes spé-
ciaux . . . . 1 milliard
Dette publique . . . . . . 337 —
Intérêts de notre dette exté-
rieure non payés . . . 5 —
Dette de réparations . . . 132 —

Total . . . . 475 milliards

L'actif.

Il se compose de deux éléments.

Notre créance sur l'Allemagne, telle qu'elle a été fixée par l'accord de Londres du 5 mai 1922 s'élève selon les calculs effectués en 1922 à 124 milliards.

Nos créances politiques sur les gouvernements étrangers à 15 milliards.

Total 139 milliards.

D'un côté un passif de 475 milliards, de l'autre un actif (1) de 139 milliards. Ce qui nous donne un passif de 336 milliards.

-----

(1) Il convient de remarquer que ces chiffres valent pour 1922, et qu'ils reposent sur l'hypothèse très favorable du recouvrement de notre créance, et sur le cours du franc en septembre 1922.

Après la guerre, la réaction patronale de notre pays, imitant celle d'Allemagne, a voulu rejeter sur la classe ouvrière ces charges formidables. Elle est partie en guerre contre « l'inquisition fiscale ». La Chambre a voté huit milliards d'impôts en 1920 et elle s'est bien gardée de demander à la richesse acquise, aux profiteurs de guerre, une juste contribution. M. Charles Dumont reconnaissait dans son rapport sur ces impôts nouveaux :

« Victime d'une agression injuste, enva-
« hie, exténuée par quatre ans et demi
« d'une résistance héroïque, épuisée par la
« mort d'une innombrable jeunesse, à la
« fin victorieuse, elle a cru longtemps que
« celui qui avait voulu la guerre, l'avait
« conduite en barbare et avait été vaincu,
« la payerait.

« *Le Traité de Versailles la détrompa.* »

C'était indiquer la faillite de la formule « l'Allemagne paiera ». Mais le rapporteur rejetait toute la question fiscale et écrivait : « Parmi les consommations qui peu à peu depuis un siècle ont passé dans les mœurs, une place importante appartient au sucre, au café, au thé, au cacao, à la chicorée, aux glucoses. »

Pour ces denrées, M. Charles Dumont a obtenu une majoration de 170 millions. Pour les vins 630 millions, les cidres 30 millions, les bières 27 millions, les eaux minérales 5 millions. A ces impôts est venue s'ajouter la taxe sur le chiffre d'affaires, que la majorité parlementaire répudie aujourd'hui, et qui n'est qu'un impôt de consommation multiplié par le nombre des intermédiaires qui s'échelonnent entre la production et la consommation. D'ailleurs, M. Charles Dumont n'a pas manqué de leur donner d'excellents conseils en écrivant : « L'industriel se dédommagera comme il pourra de l'avance qu'il paie à l'Etat et des soins que lui coûte la perception pour le Trésor et le paiement au Trésor de l'impôt. »

Ce qui a permis à Vincent Auriol de résumer ainsi l'œuvre fiscale accomplie.

En 1922 « les citoyens français supportent 17 milliards d'impôts sur lesquels plus de 10 sont demandés à la consommation, d'après les besoins et en proportion des charges de famille ; chaque être humain paie, en moyenne, dans notre pays, 3oo ou 35o francs d'impôts de consommation, *et le mutilé, la veuve, l'orphelin, le vieil ascendant, paient sans le savoir, sur leur maigre pension, leur large part des charges de la guerre,* alors que les rentes de l'État en sont exonérées ! Ajoutez à cela les impôts directs sur les salaires et les traitements, dont le rendement en 1921 a été de 240 millions, alors que le produit de l'impôt sur les bénéfices agricoles ne s'élève qu'à 25 millions, et celui des professions non commerciales à 35 millions. Et songez aux taxes communales et départementales, directes ou indirectes ! »

*
* *

Depuis, la Chambre a voté les deux décimes demandés par le Gouvernement. Vincent Auriol a évalué à 15 milliards le rendement des impôts indirects et des monopoles. *L'Europe Nouvelle* l'a fixé a plus de 17 milliards sur les 21 milliards 320 millions de recouvrements budgétaires. Sans tenir compte de ce que les économistes appellent « loi de répercussion », en supposant, ce qui est invraisemblable, « que les percepteurs » créés par le gouvernement incorporent dans le prix *des choses la majoration exacte,* les charges qui pèseront sur le consommateur atteindront trois milliards. Si on n'oublie pas que le gouvernement évalue les fraudes fiscales à deux milliards, que le *Journal Officiel* a publiées, que le total des sommes dues à l'État s'élevait à 9 milliards 791 millions, dans lesquels figurent 5 milliards 464 millions sur les bénéfices de guerre, on comprendra l'intérêt qui s'attache à dénoncer le caractère de classe de notre système fiscal, qui aboutit à mettre au compte de ceux qui ne possèdent rien la plus grosse partie des recettes de l'État.

L'INFLATION FIDUCIAIRE

Pendant la guerre, les gouvernants ont demandé à l'emprunt des sommes considérables. Pour une dépense moyenne de 40 à 5o milliards, l'État a perçu seulement une moyenne annuelle de 23 milliards.

« Le Trésor, a précisé Auriol, payait aux fournisseurs, directement ou indirectement, des sommes énormes ; au lieu de les leur reprendre sous forme de taxes directes appropriées, il les leur empruntait à des taux grossissants ; il consolidait ainsi et même, par le jeu des primes d'émission, il accroissait les fortunes privées nées de la guerre. La caisse de la Nation se vidait ; la fortune publique s'hypothéquait tandis que les coffres privés s'emplissaient et puis prêtaient à l'État ! Ainsi montait la dette et, avec elle, les charges du budget, tandis que, par une aberration scandaleuse, on décrétait que ces fortunes, consolidées en rentes, ne paieraient pas d'impôts et l'on réservait ainsi au producteur, au travail des producteurs, le privilège de payer les charges de la guerre en grande partie entre les mains de ceux qui, enrichis par la guerre, avaient placé leur nouvelle fortune en emprunts de guerre ! »

On a émis du papier, on a multiplié les signes fiduciaires, sans accroître les valeurs réelles correspondantes. L'inflation fiduciaire, expliquait M. Mac Kenna, « c'est un accroissement des pouvoirs d'achat sans accroissement correspondant de la masse des marchandises ». Le papier monnaie n'est pas un signe de richesse. Il représente le désordre financier. Il révèle la complaisance des gouvernants à l'égard des puissances d'argent.

En juillet 1914 il y avait 6 milliards 883 millions de billets en circulation.

« Ils étaient garantis par 4 milliards
« 141 millions d'or et 625 millions d'ar-
« gent. Cette garantie était renforcée par
« 3 milliards 661 millions de traites à trois
« mois au plus, représentant des marchan-
« dises consommables, vendues à un prix
« certain, et dont le paiement à échéance
« était garanti par trois signatures de com-
« merçants et de banquiers solvables. »

La loi du 31 janvier 1920 a porté de 40 à 43 milliards le maximum des billets de banque pouvant circuler en France.

Actuellement, l'inflation fiduciaire proprement dite oscille entre 39 et 40 milliards. Mais il faut tenir compte que le titre de rente, les bons du Trésor sont des papiers d'État, « des traites, précise M. Caillaux, sur l'avoir général de la Nation ». Et il ajoute : « Le porteur d'un effet d'État, comme le porteur d'un billet de banque, dispose d'une créance sur l'actif du pays. Au surplus, le bon du Trésor, qui a été émis dans des proportions si considérables, en France notamment, n'est autre chose qu'un billet de banque à échéance, un billet de banque singulièrement dangereux. Le titre de rente lui-même est échangeable contre des biens ou des marchandises ; il exprime des possibilités d'achat, et l'économie, comme la politique, est influencée par les possibilités presque autant que par les réalités. » Nous avons déjà rappelé les chiffres fournis par M. Bérenger. La dette flottante s'élève au chiffre formidable de 94.318.000.000 et on nous promet d'émettre, pour les années 1924 et 1925, 30 milliards. Dans les projets fiscaux déposés par le Gouvernement figure un article qui autorise le Ministre des Finances à émettre 7 milliards de bons du Trésor. On continue la politique d'emprunt, après avoir aggravé l'iniquité fiscale.

Sans doute, de certains côtés de la barricade, on s'élève contre la politique d'emprunt et on invite l'Etat à user de moyens plus rationnels. M. Romiès écrivait récemment, dans la *Journée Industrielle* :

« Il y a, en queue des projets, un article qui autorise le Ministre des Finances à émettre sept milliards de bons du Trésor. En principe, c'est une disposition normale : elle doit alimenter, à peu près dans les mêmes proportions qu'avant la guerre, le « fonds de roulement » de la trésorerie. Si normale que soit en apparence une telle disposition, il serait préférable d'alimenter par un autre procédé le « fonds de roulement » en question. Du moment que l'Etat ne cesse pas d'emprunter, la fissure reste ouverte, et, dans les circonstances actuelles, toute fissure peut devenir mortelle. Il est des heures où, pour sauver son crédit, *il importe de savoir tirer parti de son actif. A cet égard, la suppression du monopole des allumettes n'est qu'un exercice académique. — R.* »

Ainsi, non seulement notre système fiscal contribue à la hausse du coût de la vie, mais le capitalisme fait observer maintenant que pour la sauvegarde de son crédit, l'Etat doit savoir tirer parti de son actif. Les militants du Cartel apprécieront d'autant plus la formule que M. Romiès ajoute :

« A cet égard, la suppression du monopole des allumettes n'est qu'un exercice académique ». C'est en somme une proposition de liquidation générale des services publics à laquelle la Fédération des Tabacs, en particulier, doit prêter quelque attention. Nous avons déjà précisé dans quelles conditions les monopoles capitalistes fixaient arbitrairement les prix. Si nous sommes contre l'inflation fiduciaire, contre la politique d'emprunt qui en est une des formes, ce n'est pas pour aboutir aux conclusions que nous venons de rappeler.

LE PROTECTIONNISME

Les adversaires de l'intervention de l'Etat dans ce domaine économique multiplient néanmoins leurs démarches pour obtenir des tarifs protecteurs. Si on avait tenu compte de l'intérêt général, on aurait sans doute abouti à une tarification modérée, mais on a eu le souci de servir des intérêts particuliers ; on a élevé les tarifs douaniers selon le bon plaisir. L'argument de la dépréciation du franc a permis au Gouvernement d'appliquer des coefficients « selon des règles dont il se constitue le seul juge ». Actuellement il n'est pas possible de trouver un document officiel indiquant exactement les coefficients. Le plus récent date de l'année 1922. C'est sans doute par circulaire qu'on modifie selon les interventions les coefficients. Dernièrement, nous apprenions que malgré le décret interdisant l'exportation des légumes frais, on avait autorisé par télégramme la sortie de wagons de laitues. Les tarifs protecteurs sont sollicités au nom de ce que l'on appelle par un singulier abus des termes l'intérêt national. « La vérité, écrit M. Caillaux, c'est que ces industriels ont voulu s'assurer la paisible possession des marchés intérieurs, pour consolider d'abord, accroître ensuite leurs profits. A ces fins, aussitôt obtenu le résultat désiré, ils entreprirent de se grouper, de former sous des vocables divers des associations ayant pour but principal *de fixer les prix de vente, de les élever au chiffre maximum que le tarif des douanes permettait d'atteindre. Ainsi l'ensemble de chaque nation fut soumis à de véritables impôts prélevés non au profit de l'Etat, mais au profit d'une oligarchie, à des impôts invisibles représentés par la différence entre les prix de revient des produits, bénéfice normal compris, et les prix de vente artificiellement majorés à la faveur et en fonction des droits de douane. »*

Et le professeur Jèze confirme :

« L'une des causes les plus certaines de l'élévation des prix, nous dit M. Jèze, se trouve dans la folie protectionniste qui s'est emparée de nos gouvernants depuis l'armistice. La politique douanière actuelle est un scandale véritable. C'est la démonstration éclatante de l'emprise des « grands intérêts économiques » sur les pouvoirs publics.

« Que se passe-t-il, à l'heure actuelle ? ajoute M. Jèze. En secret, des groupements industriels ou économiques intéressés préparent des mesures de protection douanière qui les mettront à l'abri de la concurrence étrangère. Grâce à des arguments économiques de tout genre, ils « éclairent » la grande presse, ils démontrent aux administrations publiques, aux commissions parlementaires, aux ministres, la nécessité de défendre telle ou telle industrie nationale essentielle au relèvement du pays. Ils n'ont pas de peine à les convaincre. Ce sont des amis et des obligés. Ils représentent une force agissante, inlassable, irrésistible : celle des appétits. Le consommateur est la victime de ces manœuvres. »

« La protection, écrit encore le professeur Pareto, ne crée pas la richesse, elle la détruit.

« Ce qu'elle donne aux uns ne saurait donc qu'être enlevé aux autres. Et c'est une absurdité de croire que tout le monde pourra recevoir quelque chose sans que personne n'ait rien à payer. Ce qu'elle donne aux producteurs, la production le prend aux consommateurs. En réalité, les effets et l'incidence des droits de douane sont, comme on l'a démontré, les mêmes que dans le cas de taxes intérieures de consommation, en ce qui concerne l'impôt même ; ils ont cependant d'autres effets : c'est de renchérir les objets de même nature qui se trouvent à l'intérieur. Il ne saurait y avoir, en effet, deux prix sur le même marché pour deux produits similaires.

L'objet grevé du droit fait le prix ; il en résulte que le consommateur paie l'impôt à l'Etat pour les objets importés et aux producteurs pour les objets similaires de l'intérieur. »

Nous ne discuterons pas longuement les théories libre-échangistes ou protectionnistes. Nous noterons simplement que le protectionnisme outrancier, incohérent tend à renchérir considérablement le coût de la vie. Les articles de grande consommation sont meilleur marché dans les pays libre-échangistes. D'une enquête faite par les consuls anglais en Allemagne, en 1907, il résultait que le coût de l'existence pour un ouvrier allemand était de 30 % supérieure à celle de l'ouvrier anglais. Les droits d'entrée s'ajoutent non seulement aux prix des marchandises importées mais ils s'incorporent automatiquement aux prix de toutes les marchandises similaires consommées à l'intérieur. Le consommateur acquitte une taxe bien supérieure aux droits perçus par l'Etat.

Considérons le blé. Si on suppose qu'il entre en France 10 millions de quintaux de blé étranger valant 40 fr. au débarquement, frappés d'un droit de 10 fr., l'Etat percevra 100 millions ; mais le prix du quintal s'élèvera de 40 à 50 fr. Si la production moyenne de la France est de 80 millions de quintaux, le droit de douane dont les blés étrangers sont frappés s'incorpore dans les prix du blé français. Le consommateur paye indirectement à l'Etat les 100 millions perçus sur les blés étrangers et il acquitte aux producteurs français $10 \times 80 = 800$ millions. Si le protectionnisme compromet les intérêts généraux, on peut se rendre compte qu'il correspond néanmoins à certains intérêts.

Voici une lettre adressée au Syndicat général de l'industrie cotonnière par la Fédération des commerçants détaillants :

« Si nous prenons, à titre d'exemple, les
« tissus de coton unis (article 406 de la
« nomenclature), ils payaient, en 1914,
« 92 francs les 100 kilos en tarif mini-
« mum ; 125 francs en tarif général. En
« 1923, les mêmes produits pour tous les
« pays qui continuent à bénéficier du tarif
« minimum paient un droit de $92 \times 5 = 460$

« francs, soit majoré de 400 % ; en tarif
« général les droits sont de 369×5=1840
« francs, soit une majoration de 1372 %
« par rapport à 1914. Enfin, les produits
« bénéficiant, en 1914, du tarif minimum
« et passés actuellement au tarif général
« (Allemagne, Pologne, Autriche, Finlan-
« de, Esthonie, Portugal, etc.) qui payaient
« en 1914 92 francs, doivent acquitter
« maintenant 368×5=1840 francs, soit un
« droit majoré de 1.900 %. Des chiffres
« analogues pourraient être fournis pour
« les autres produits de l'industrie colon-
« nière.

« Telles sont les augmentations réelles
« des droits subies et payées par le com-
« merçant et le consommateur. On voit
« qu'elles sont peu différentes de celles in-
« diquées par votre honorable correspon-
« dant.

« Ces droits de douane sur les produits
« indispensables à la consommation n'ar-
« rivent pas à supprimer toute importation
« d'articles étrangers, mais ils ont pour
« conséquence de frapper ces articles
« d'une majoration formidable et de faire
« monter d'autant les produits de l'inté-
« rieur.

« L'élévation des prix, effet des droits
« de douane, est ensuite invoquée en faveur
« de nouveaux relèvements douaniers, et
« c'est la course à la hausse sans fin. »

Voyons maintenant dans quelle proportion sont élevés certains tarifs douaniers :

Fiis de coton PAR 100 KILOGS :	**TARIF GÉNÉRAL**		**TARIF MINIMUM**	
	1914	1923	1914	1923
Ecrus................	23 à 510	270 à 6.120	15 » à 340	67.50 à 1.530
Blanchies............	28 à 627	310 à 7.038	17.25 à 391	77.60 à 1.760
Teints ou chinés........	68 à 655	810 à 6.660	45 » à 370	202.50 à 1.665
Glacés ou mercerisés....	68 à 555	810 à 7.578	45 » à 370	202.50 à 1.895
	33 à 739	311 à 7.936	19.50 à 442	85 » à 1.989
Tissus de coton pur unis { écrus........	80 à 806	1.116 à 11.160	62 à 620	279 à 2.790
blanchie	104 à 1.047	1.485 à 28.000	74 à 744	370 à 3.720
Croisés et coutils { Teints	125 à 851	1.840 à 11.600	92 à 650	460 à 3.250
Fabriqués avec des fils teints..	185 à 1.500	2.105 à 28.000	123 à 990	525 à 7.000
Mouchoirs foulards et autres	450	{1.440 à 15.080 {1.296 à 13.572	30	360 à 3.770 324 à 3.393
Articles de ménage	26 à 60	231 à 612	17 à 40	57 à 156

Si on s'étonne de la hausse constante du
coût de la vie, qu'on veuille bien lire ce
qu'écrivait la *Journée Industrielle* à propos
des fameux décrets Chéron :

« Il y a une coïncidence qui frappe. Au
« marché du 2 mars dernier (1922), à la
« Villette, le prix au kilo de viande nette
« de bœuf de première qualité était de
« 4 fr. 80. Le 9 mars, un décret du Ministre
« de l'Agriculture prohibait l'importation
« et le transit en France du bétail d'Angle-
« terre et du Danemark, tandis qu'il auto-
« risait au contraire la libre exportation du
« bétail français. D'une part, on fermait le
« robinet d'entrée ; de l'autre, on ouvrait
« tout grand celui de la sortie.

« Les résultats furent immédiats. Au
« marché du 10 avril suivant, la même
« qualité de bœuf se vendait 6 francs ; le
« veau qui coûtait aux abattoirs 7 fr. 20 le
« kilo le 2 mars, passait à 8 fr. 70 le
« 10 avril et la hausse atteignait également
« le mouton et le porc à raison d'un franc
« par kilo sur le même espace de temps. »

On a beaucoup discuté, ces temps derniers, le scandale des sucres. Des parlementaires ont dénoncé les manœuvres « crimi-
nelles » des sucriers. En 1921, un administrateur de la Raffinerie Say déclarait :

« *La consommation totale du sucre en
France est évaluée à 700.000 tonnes, d'après
les données du projet de budget soumis au
Parlement. Si l'on observe qu'aux 270.000*

*tonnes de la récolte prochaine on peut join-
dre 100.000 tonnes que nous fourniront nos
colonies, on prévoit la nécessité d'importer
330.000 tonnes de sucre — environ la moitié du chiffre total de la demande. C'est à
peu près le chiffre du sucre importé l'année
précédente.*

*« Les droits, pour les sucres importés,
sont actuellement, en France, 100 francs
pour 100 kilos, soit 50 francs de droits de
douane et 50 francs de droits de consommation. Le projet de 1922 prévoit pour une
consommation de 735.000 tonnes (35.000
pour l'Alsace et la Lorraine), un produit
total des droits sur le sucre de 542.500.000
francs. »*

Il est évident qu'en dehors de la spéculation, les sucriers ont réalisé l'équilibre
entre le prix du sucre importé et le sucre
produit en France. On a établi que sur trois
morceaux de sucre consommés en France,
un seul était importé. On devine quelle
dîme formidable les sucriers prélèvent ainsi
sur le consommateur. M. Jules Gauthier,
dans une lettre au *Temps*, écrit : « D'après
l'enquête de M. Félix Laurent, inspecteur
général de l'Agriculture, pendant les trois
années 1920 à 1922, les planteurs de bette-
raves ont réalisé un bénéfice de 2 millions ;
pendant le même temps, les sucriers ont
gagné 528 millions. »

D'ailleurs, voici quelques chiffres se rap-
portant à la raffinerie Say.

RAFFINERIE SAY

Bénéfices nets avec un capital de 38 millions :

1914	2.127.000 francs
1919	6.231.000 —
1920	11.268.000 —
1921	53.198.000 —

Avec un capital réduit de 38 millions à
26 millions, par décision du 8 février 1922.

1922	55.533.639 francs
1923	29 millions (avoués)

Postes créditeurs.

Caisses, banques, fonds en report.

1906	3.637.569 francs
1921	16.475.493 —

Portefeuille : rentes, bons.

1906	662.015 francs
1921	101.564.168 — (!)

Fonds de roulement

1906	25.000.000 francs
1921	78.000.000 —

Postes débiteurs

Immobilisations.

1906	54.660.000 francs
1921	21.479.000 —

En 1917, Say a complètement remboursé
sa dette obligataire qui s'élevait encore à
17 millions.

Primes

De 1884 à 1900, le total des primes à la
production versées aux sucriers de la mé-
tropole a été de 764 millions, soit 138 %, de
plus que la valeur des usines.

Les sucriers coloniaux ont reçu, de
1884 à 1900, 150 millions de primes, représentant 150 % de la valeur de leur matériel.
Il convient de remarquer que ces primes
ont été sollicitées sous le prétexte d'augmenter les salaires des ouvriers. Or, certaines catégories ont été diminuées, d'autres
ont obtenu des augmentations de quelques
centimes par jour.

Voyons maintenant les dividendes.

Une action ordinaire de 200 francs a reçu
484 francs de dividende, soit 242 %. Cette
action vaut aujourd'hui, en bourse,
3.300 francs (!).

Nous n'insisterons pas davantage ; les
bénéfices scandaleux réalisés, de l'aveu de
tous, par les sucriers, indiquent que leurs
manœuvres, favorisées par un protectionnisme incohérent, doivent être dénoncées
par les militants du Cartel. Le protectionnisme est une cause de vie chère qui permet aux trusteurs de fixer arbitrairement
les prix. Le protectionnisme incohérent fait
du pays une véritable colonie exploitée par
quelques privilégiés.

Enfin, il est la pierre angulaire d'une
politique économique en contradiction avec
une politique de collaboration internationale de réorganisation européenne. Le protectionnisme affame, ruine et tue parce qu'il
est **un véritable fauteur de guerre.**

LES TARIFS DE CHEMINS DE FER

« L'administration du pays n'est que de
« 300 millions, et vos compagnies remue-
« raient un personnel et des intérêts plus
« forts que le personnel et l'intérêt de
« l'Etat tout entier ?

« Aurez-vous si peu de prévoyance pour
« le peuple, pour le gouvernement lui-
« même ? Créerez-vous une force nouvelle
« de monopole qui ne s'étendrait pas seule-
« ment sur le peuple, mais qui ne tarderait
« pas à s'étendre sur le gouvernement et
« sur les pouvoirs mêmes réels du pays.

« LAMARTINE. »

Nous croyons avoir démontré, dans le
rapport « Contre la cession des monopoles », que les craintes de Lamartine
étaient fondées. Nous ne reviendrons pas
sur les faits que nous avons rappelés. Mais
il convient d'indiquer l'influence exercée
sur le coût de la vie par les tarifs de chemins de fer.

De 1913 à 1920, l'augmentation s'est élevée à 155,5 %. Dans son rapport paru au
Journal Officiel, M. Cohn reconnaît que
l'augmentation du coût de la vie est fonction de la majoration des tarifs de chemins
de fer. Nous n'insisterons pas sur l'influence
exercée par ces tarifs sur l'activité économique. Nous nous bornerons à consigner
ci-dessous les tarifs d'avant-guerre et les
tarifs actuels :

Nature des marchandises et numéros des tarifs nouveaux	Réseaux et gares de départ et de destination	Dist. kilo- métr.	Poids ou nombre	Prix d'avant- guerre	Tarif nouveau av. la majoration et l'impôt
			kilog.	Fr.	Fr.
Lait (G. V. 3/103)	Cherbourg-Paris-Batignolles	369	5.000	111 55	488 15
Beurre (G. V. 3/103)	Morlaix-Le Havre	514	300	16 80	177 75
Saindoux (G. V. 3/103)	Marseille-Lyon	344	5.000	107 80	1.244 15
Poires à poiré. Pommes à cidre (P. V. 3/103 VII)	Gare Ouest-Gare Est	500	20.000	386 80	1.747 75
Morue (P. V. 3/103 VIII)	Gare du Nord-Gare Ouest	600	100.000	1.700 80	11.327 95
Chocolat (P. V. 3/103 I)	Paris-Bordeaux-Bastide	583	10.000	420 80	2.181 65
Confitures (P. V. 3/103 II)	Douarnenez-Paris-Ivry	704	10.000	330 80	2.102 05
Porcs et veaux (1 B° I)	Brest-Le Havre	573	25 têtes	189 05	811 55
Agneaux, brebis, moutons (1 B° II)	Sablé-Ouest-Paris-Vaugirard	558	200 têtes 3 wagons	118 80	910 35
Bœufs et vaches (1 B° I)	Paris-La Villette-Est-Is-s/-Tille	305	8 têtes	98 80	562 90
Bœufs et taureaux (1 B° I)	Villeneuve-les-Guyard-P.-L.-M.-Pa-ris-Bestiaux	100	8 têtes	36 10	235 30
Choux (P. V. 3/103 B VI)	Gare Est-Gare Est	500	7.000	117 35	601 40
Pommes de terre nouv. (P. V. 3/103 B VII)	Arvert-Avallon-Etat-Vaugirard	534	1.000	29 »	278 »
Viandes fraîches (G. V. 3/103 IV)	La Rochelle-Ville-Vaugirard	466	5.000	200 55	1.251 40
Chicorée en racine (P.V. 3/103 VII)	Saint-Quentin-Calais	193	16.000	91 20	611 15
Légumes frais non dénommés (G. V. 3/103)	Baisieux-Frontière-Paris-La Chapelle	256	12.000	113 »	1.994 95
Moules, coquillages (G. V. 3/103 I)	La Tremblade-Vaugirard	538	100	4 50	25 35
Eaux minérales (P. V. 6 106 RC)	Gare Est-Paris	500	8.000	164 »	719 50
Vins en fûts (B° série)	Montendre-Est-Vaugirard	552	1 pièce	9 50	42 55
Rhum en fûts (3° série)	Tonnay-Charente-Vaugirard	482	500	11 30	67 55
Bière en fûts (P. G.)	Gare Nord-Gare Nord	300	7.000	108 60	493 45
Vins en fûts (P. G.)	Bordeaux-P.-O.-Paris-Ivry	604	20.000	360 80	2.391 45
Cidre en fûts (6° série)	Neuilly-Ouest-Batignolles	300	500	7 55	46 25
Sucres (1re P. G.)	Bordeaux-Saint-Jean-Niort	200	4.000	34 80	313 55
Sucres (P. P. G.)	Delle-Frontière-Paris	464	5.000	132 55	856 45

A cette augmentation, il faut ajouter la
majoration décidée par le Conseil supérieur
des chemins de fer le 6 février dernier, et
qui s'élève :

Tarifs de voyageurs

1re classe	50 %
2e classe	48 %
3e classe	47 %
Tarif marchandises	12 $\frac{1}{2}$ %

(1) L'expéditeur a avantage, avec les nouveaux tarifs, à payer comme pour 10.000 kilogs.

Notons en passant que la Compagnie P.-L.-M. a subi, en 1921 et 1922, un déficit de 62 millions, et qu'en 1922-1923, le gain s'est élevé à 207 millions. Les Compagnies répondent à l'intérêt général par une augmentation des tarifs. N'insistons pas...

LES BENEFICES DE GUERRE

On a entendu bon nombre de discours contre les profiteurs de la guerre. Le 25 mai 1916, M. Ribot, défendant le principe d'une contribution sur les bénéfices de guerre, déclarait :

« Il n'y a pas d'impôt plus légitime. Il « n'y en a pas qui réponde mieux aux « vœux et, je pourrais dire, aux exigences « de l'opinion... Des fortunes se font pen- « dant que l'ensemble du peuple souffre et « supporte toutes les charges de la guerre... « Il est légitime, il est nécessaire que ceux « qui réalisent des bénéfices contribuent « aux charges nationales. »

Un document officiel du 29 novembre 1917 indique que, pour les 17 mois de la première période d'application de la loi, le chiffre d'impôt est de 700 millions.

Vincent Auriol, dans un rapport sur les contributions de guerre, note que les mesures fiscales en Angleterre auront fait tomber, dans les caisses de l'Etat, un total de 8 milliards et demi de francs prélevés sur l'ensemble des bénéfices réalisés depuis le début de la guerre jusqu'à fin 1917.

Et pendant ce temps, ajoute Vincent Auriol, le Trésor français aura encaissé à cette même époque et grâce à un impôt analogue, 157 millions.

Et pourtant jamais les bénéfices ne furent plus élevés que pendant les années 1914, 1915 et 1916.

C'est la Société Industrielle Rouennaise qui, avec un capital de 125.000 francs, réalise, en deux ans, deux millions et demi de bénéfices nets.

C'est la Compagnie du Bi-Métal faisant, en 1913-1915, neuf millions de bénéfices avec deux millions de capital.

Les Aciéries de Firminy publient dans la presse cette annonce financière :

« Les bénéfices considérables obtenus « comme profits de guerre par la Compa- « gnie des Aciéries de Firminy lui per- « mettent de répartir à ses actionnaires une « somme de 8 millions de francs sous forme « de la remise gratuite, pour pareille « somme, d'actions nouvelles, et cela tout « en conservant des réserves appréciables. »

Notons que le capital de cette Société est de 4 millions de francs. Lorsque l'opération ci-dessus sera effectuée, la Compagnie projette de faire une nouvelle émission d'actions contre espèces, de façon à porter son capital de 20 millions de francs.

Si nous poursuivons nos investigations, nous voyons que la Société des Cirages français a réalisé en 1916, avec un capital de 10 millions, un bénéfice de 18.659.093 francs et porté son fonds de roulement de 16 millions à 25 millions.

Les Aciéries de France réalisent, en 1913, 5.631.000 francs de bénéfice. Avec le même capital il s'élève, en 1915-1916, à 11.404.000 francs ; en 1916-1917, à 13.559.000 francs.

La Société Industrielle des Téléphones réalise en 1913 un bénéfice de 1.652.775 francs. Le bilan publié en 1917 accuse un chiffre de 7.801.305 francs.

Et dans le rapport de M. Perchot, à propos des marchés de projectiles, nous pouvons lire : « Que ces marchés, dans leur généralité, ont été passés à des prix laissant à ceux-ci des bénéfices anormaux sans qu'il ait été tenu compte des prix de revient... Que, de cet ensemble d'erreurs, il résulte pour l'Etat une majoration de dépenses injustifiées de près de 200 millions de septembre 1914 à octobre 1915 sur la seule fabrication des corps d'obus explosifs en acier, le métal étant fourni par l'Etat et le bénéfice sur le métal n'étant pas encore évalué. »

Dans son rapport sur les marchés de mitrailleuses, Mistral indique : « Cette Société (la Société Hotchkiss), qui disposait au début de la guerre d'un capital réel de 6 millions, a fait, sur un chiffre total d'affaires de 122 millions 389.278 francs, exercices 1914-1915-1917, un bénéfice de 36.585.749 francs, en s'en tenant strictement aux données des bilans et sans discuter les amortissements ; bénéfices portés à 46 millions si on tient compte des profits de l'usine de Commentry, et évalués en réalité à 51 millions si, pour le calcul du bénéfice net, l'on part des prix de revient. Si on limitait le bénéfice normal à 20 % du capital engagé, la Société devrait rembourser à l'Etat de 32 à 35 millions ! Or, les bénéfices qui étaient en 1914 de 17,9 %, ont été de 111,3 % en 1915 et de 625 % en 1916. »

La plus grosse productrice de fontes en France voit ses bénéfices passer de 5 millions en 1913 à 17 millions en 1916, 18 millions en 1917. En cinq ans, ses réserves sont doublées.

En 1919, le journal *L'Information* écrit : « Depuis 1915, les bénéfices effectivement réalisés dépassent de beaucoup 83 millions. Et le capital social de l'affaire est de 70 millions... (!) »

Une compagnie de navigation réalise en 1917 des recettes considérables. Elle a en caisse 117 millions, contre 40 millions avant guerre.

Les bénéfices s'élèvent : en 1914, 6 millions ; en 1916, 18 millions ; en 1917, 23 millions ; en 1918, 45 millions.

D'AUTRES PROFITEURS...

Sous le titre « Le véritable Veau d'Or », M. Romiès a publié quelques chiffres qui indiquent que le « régime de la vie chère » est supporté allègrement par ses profiteurs.

Aux Halles centrales, les seuls mandataires pour la viande sont au nombre de 29. Ils débitent chaque année environ 70 millions de kilos de viande. En mettant la valeur moyenne du kilo à 7 francs, cela donne 500 millions de francs. Les 29 mandataires prélèvent au minimum, pour leur commission, une quinzaine de millions.

Mais laissons parler M. Ramier.

« Les bénéfices relativement les plus élevés sont réalisés par la boucherie de détail.

« Pour s'en rendre compte, il suffit de suivre la progression de valeur des fonds de boucherie. Voici quelques exemples empruntés à une enquête de M. Clairgeon, directeur de l'approvisionnement de Paris : Un fonds de boucherie, rue des Petits-Carreaux, vendu 12.000 francs avant la guerre, fut revendu cette année 150.000 fr.; un fonds, rue St-Denis, est passé de 1.500 à 26.000 francs ; un autre, rue St-Charles, de 16.000 à 250.000 ; un autre, rue de Trévise, de 5.000 avant la guerre, à 22.000 en 1922 et, six mois plus tard, à 55.000 !...

« Voici, au surplus, la progression de valeur depuis l'armistice, constatée par des ventes successives, de trois fonds de boucherie dans des quartiers populaires :

Années	Rue de Charonne	Rue Clisson	Av. des Gobelins
1919	4.500	6.000	20.000
1921	12.250	14.000	70.000
1923	30.000	54.000	105.000

« D'après une enquête faite par la Commission de l'Agriculture du Sénat et dont les résultats ont été consignés dans l'exposé des motifs d'une proposition de loi de M. Faure, sénateur, le prix moyen de la viande nette sur pied, aux centres de production, était, en juin 1923, d'environ 5 fr. 50 le kilo pour le bœuf. Tous frais compris, le même kilo devait revenir, dans les boucheries de Paris, à 6 fr. 50 ou 7 fr. *Or, dans certains quartiers, il était vendu jusqu'à 20 francs.* »

Voici un autre fait qui a été cité au Conseil municipal de Paris : Un wagon de choux, soit 3.198 choux, en provenance de Tourlaville, est vendu 1.145 francs. Cette somme comprend :

Commission du mandataire....	102 50
Frais de transport	768 50
Manutention et droit d'abri ...	95 »
Retour de l'emballage	30 »
Total	996 »
Reste pour le producteur	149 »

soit un peu plus de quatre centimes et demi par chou. Ce chou est vendu un franc au détail. Du producteur au consommateur les intermédiaires et les transports absorbent 95 centimes et demi sur un franc.

Voici une information publiée par le *Temps* qui ne manque pas de saveur :

La vente au carreau des Halles

« La sous-commission de la commission supérieure des Halles, que préside M. Ambroise Rendu, poursuit, en ce moment, une enquête sur la demande formulée par les coopératives agricoles en vue de leur admission sur le carreau des Halles.

« C'est là une question extrêmement complexe, qui a déjà été examinée et qui a été résolue deux fois par la négative.

« D'une part, il est vrai, les représentants des syndicats agricoles, qui ont été entendus hier, sont convaincus que le concours des coopératives dans la vente des produits maraîchers sur le carreau des Halles serait de nature à enrayer, par une stabilisation des prix, la spéculation dont sont victimes les consommateurs parisiens. A cette heure, les pommes de terre vendues o fr. 45 aux Halles sont, à quelque distance de là, dans le quatrième arrondissement, revendues 1 fr. 20. Une botte de poireaux de 2 fr. 25 est divisée en deux et chaque moitié est vendue 3 francs dans le cinquième arrondissement et 3 fr. 40 dans le septième. »

Nous ajouterons que nous pouvons apporter d'autres faits. Les « chevillards », qui constituent une véritable oligarchie, bénéficient de la loi de l'offre et de la demande à la production. Mais ils fixent arbitrairement les prix en n'amenant au marché de la Villette que les « quantités » correspondant au cours qu'ils ont fixé. Le vin est cher parce que les intermédiaires ont accaparé les wagons-citernes, ce qui leur permet de maintenir les prix élevés après avoir bénéficié de la baisse par le jeu de loi de l'offre et la demande à la production.

Nous n'insisterons pas davantage ; nous nous sommes efforcés de faciliter la tâche des militants en leur apportant une documentation sérieuse qui leur permettra de répondre victorieusement aux sophismes de la réaction contre la journée de huit heures et ce qu'elle appelle les hauts salaires.

La Municipalisation des Services du Gaz

Rapporteur : MOREL.

Depuis les premières tentatives de distillation du gaz de houille, tentatives qui datent de 1799 à 1801, l'application de l'éclairage au gaz dans les différentes villes de France donna lieu à diverses exploitations qui toutes, sous quelque forme qu'elles se présentèrent, cherchèrent à se ménager, en même temps que la confiance des consommateurs de gaz, la sympathie des villes pour lesquelles elles exerçaient la distillation du gaz d'éclairage.

Il serait trop long d'énumérer ici les différentes phases par où passèrent ces exploitations pour arriver de l'usine archaïque, véritable tueuse d'hommes avec ses batteries à main qui existent encore du reste aux quelques usines modernes de Paris et de sa banlieue, usines où le matériel modernisé et à grand rendement fait la gloire des techniciens qui l'emploient. Qu'il nous suffise de dire que de longue date jusqu'à nos jours, on ne connut que sous trois formes différentes l'exploitation de ce service d'éclairage et de chauffage par le gaz qui, en raison de son caractère de service public, constitue, qu'il soit exploité sous l'une ou l'autre de ces trois formes, un véritable monopole pour ceux qui en ont la charge et la gestion.

Trois formes d'exploitation :

La Compagnie concessionnaire ;
La Régie intéressée ;
La Régie directe ou municipalisation.

Voyons donc ce que sont ces exploitations, ce qu'elles valent, les inconvénients et les avantages qu'elles peuvent procurer aux municipalités qui les emploient d'abord, aux consommateurs ensuite qui, dans un cas comme dans l'autre, sont dans l'obligation de passer sous les fourches caudines des Conseils municipaux chargés d'établir les prix de revient et les prix de vente du gaz.

La Compagnie concessionnaire :

Les Compagnies concessionnaires de l'exploitation du gaz, fort nombreuses en France, forment un véritable consortium. Ayant entre elles des ramifications nombreuses, il est rare de ne pas retrouver dans leurs divers Conseils d'Administration, sous des titres plus ou moins obscurs, des personnalités marquantes qui dirigent en nom de puissantes Sociétés gazières. C'est donc dire que, malgré les multiples raisons sociales, il n'existe guère en fait, en France, qu'une seule et puissante Compagnie concessionnaire à multiples filiales liées aux municipalités pour le compte desquelles elles exploitent, par un cahier des charges qui leur assure une concession de durée variable, mais toujours assez longue : 20, 30 et même 50 ans, et toujours renouvelable. Elles jouissent, du fait du caractère de leur industrie, d'un véritable monopole. Aucune concurrence possible. Aucune crainte qu'un industriel vienne s'établir à leur côté et fabrique le même produit. Assurées de la stabilité de leur production, elles engagent d'importants capitaux sans jamais avoir à craindre de les perdre. La production de ces capitaux, production constante, décuplée, centuplée parfois par la modernisation du matériel, par le meilleur rendement et par l'augmentation du gaz qui devrait logiquement servir, déduction faite du bénéfice légitime de celui qui les engage, à améliorer les finances de la Ville et à préserver celles du consommateur en venant influer sur la diminution des prix de vente, ne sert qu'à échafauder des fortunes scandaleuses et à créer quelques millionnaires de plus.

Quelques exemples sont frappants. Le passé en fourmille. N'a-t-on pas, en 1906, de la tribune du Conseil municipal, au cours du procès de l'ancienne Compagnie Parisienne du Gaz fait par M. Grébauval, entendu jeter des chiffres formidables. Une action valant à son début 250 fr. était cotée 1.591 fr. Des actions dont le capital nominal, 250 fr., avait déjà été remboursé, valaient encore 867 fr. Enfin l'intérêt d'une même action, pour un capital nominal de 250 fr., avait été de 82 fr. et était encore de 52 fr.

N'est-ce pas fantastique ! Et ce n'est pas là que de l'histoire ancienne ; le présent est absolument identique et les mêmes faits se reproduisent. Les bénéfices énormes réalisés sont, soit sous le mode indiqué ci-dessus, répartis aux actionnaires, soit engloutis dans la création ou la modernisation d'immenses usines qui arriveront, par la suite, à être détournées de leur véritable but : le bien-être collectif, pour n'être plus que la source de profits de quelques capitalistes éhontés.

Les bénéfices ainsi détournés, les Sociétés concessionnaires ne laissent plus apparaître qu'une exploitation arrivant difficilement à faire honneur à ses affaires, voire même, comme le cas s'est produit, une exploitation en déficit. Dans ce dernier cas, la ville étant responsable de la gestion de son concessionnaire, il ne lui reste plus, par une augmentation du prix du gaz, qu'à demander aux consommateurs de combler le déficit fictif qui lui est présenté et une fois de plus la collectivité se saigne pour augmenter la puissance capitaliste.

Dans certains cas, et ils sont nombreux, il arrive que les Compagnies concessionnaires, soit pour obtenir un renouvellement de concession, soit parce qu'une municipalité plus curieuse demande des comptes plus approfondis, jettent du lest et accordent aux villes quelques faveurs, soit en diminuant le prix du gaz de l'éclairage public, soit même, comme cela s'est passé à Paris en 1852, en offrant à la Ville de l'éclairer gratuitement pendant une période de trente années, se réservant, bien entendu, le droit d'augmenter le prix du gaz de consommation privée de façon, non seulement à récupérer le cadeau fait à la ville, mais à conserver, en l'augmentant, le bénéfice coutumier.

Dans tous les cas la récupération se produit sur le dos des consommateurs, les Compagnies ne voulant absolument rien perdre, ni des bénéfices scandaleux qu'elles ont coutume de réaliser, ni du manque à gagner qu'elles peuvent subir du fait de la diminution du prix de l'éclairage public consenti à la ville.

L'exploitation du gaz, comme toutes les exploitations, du reste, a eu à souffrir de la période de guerre et de la période anormale d'après-guerre. Le déséquilibre mondial et la détaxation des prix eurent leur répercussion financière sur l'industrie gazière et cette industrie eut, au lendemain de la guerre, à traverser une période quelque peu critique. Cette période ne fut toutefois pas de longue durée, car les Compagnies concessionnaires, suivant en cela l'industrie privée, mais avec plus de facilités encore, émirent la prétention de faire supporter par les finances des villes, non seulement la totalité des frais supplémentaires occasionnés par la hausse des matières premières et de la main-d'œuvre, mais aussi les dépenses de guerre et le manque à gagner découlant de la période des hostilités et cela sous la forme de paiement de charges dites extra-contractuelles.

De multiples procès surgirent, car bon nombre de municipalités n'adoptèrent pas ce point de vue. En règle générale le Conseil d'Etat donna raison aux Compagnies concessionnaires et condamna les villes à payer les sommes réclamées. Bien mieux, à la suite de ces multiples procès et à la suite, n'en doutons pas, des interventions répétées des puissances d'argent, une décision intervint du Ministère de l'Intérieur, décision créant entre les Compagnies concessionnaires et les municipalités un cahier des charges nouveau, dit cahier des charges-type.

Ce cahier des charges prévoit que pour la fixation du prix de vente du gaz, devait entrer en ligne de compte toutes les dépenses occasionnées par l'exploitation, sans en excepter les dépenses occasionnées par la main-d'œuvre et les quelques avantages qui pouvaient être consentis au personnel.

Munies de cette décision gouvernementale

constituant pour elles une puissance formidable, les Compagnies concessionnaires (elles auraient eu tort de se gêner) continuèrent à réaliser de scandaleux bénéfices, à servir de grosses prébendes à leurs actionnaires et les quelques avantages qu'elles consentirent, fort parcimonieusement du reste, à leur personnel ne leur coûtèrent pas un centime, puisque récupérés immédiatement par l'examen de l'index des dépenses amenant par répercussion l'augmentation des prix de vente.

En conclusion, l'exploitation du gaz sous cette forme est désastreuse, non seulement pour les municipalités qui l'emploient, mais aussi pour la collectivité toute entière. Elle n'est profitable que pour les exploitants eux-mêmes et pour les actionnaires qui engagent des capitaux dans cette industrie, que la stabilité et le monopole dont ils jouissent leur font récupérer au centuple.

Tous nos efforts doivent tendre à la disparition de l'exploitation du gaz par les Compagnies concessionnaires.

La Régie intéressée

L'exploitation du gaz en régie intéressée diffère fort peu de l'exploitation par les Compagnies concessionnaires. Moins onéreuse toutefois pour les villes qui, propriétaires des usines et du matériel, ont, à l'aide d'une Commission de contrôle, créé au sein des Conseils municipaux un droit de regard plus absolu et plus étendu.

D'autre part, une convention établie entre les villes et les administrations des régies intéressées oblige celles-ci, en fin de chaque année, après compte fait et bilan établi des recettes et des dépenses, à verser dans les caisses de la ville un pourcentage des bénéfices nets réalisés, pourcentage établi d'après un accord forfaitaire.

En dehors de ces accords établis, l'on retombe dans les mêmes errements qu'avec les Compagnies concessionnaires. Maîtres des marchés des sous-produits extraits de la distillation du gaz de houille, les grands manitous de l'industrie gazière, qu'ils soient concessionnaires ou exploitants en régie intéressée, s'entendent admirablement pour établir les cours de ces sous-produits et étant soit actionnaires eux-mêmes, soit intéressés de très près dans les usines de

consommation de ces produits, il est inutile de préciser que ces cours sont établis de telle façon que la plus grosse part de bénéfice reste aux actionnaires communs de ces diverses entreprises.

Comme conclusion, la régie intéressée est préférable à la Compagnie concessionnaire, mais, pas plus que cette dernière, elle ne répond aux intérêts des consommateurs et aux intérêts et aux besoins de la collectivité. Un autre mode d'exploitation moins onéreux et plus juste s'impose.

La Régie directe ou municipalisation

L'exploitation en régie directe ou municipalisation diffère considérablement des deux autres formes citées ci-dessus.

Entièrement, non seulement sous le contrôle absolu des municipalités, mais dirigées par elles, elle laisse à la ville, propriétaire des usines et du matériel, l'entière disposition des bénéfices réalisés. Plus d'évasion financière. Plus de gros dividendes servis aux actionnaires et surtout plus de capitaux dissimulés sous les formes les plus diverses : distribution d'actions non souscrites, dividendes majorés, réserves et réserves des réserves dénommées compte ou fonds de provision et qui constituent une accumulation de bénéfices réels, bénéfices qui n'ont d'autre destination que le portefeuille des actionnaires, ce qui constitue de véritables détournements qu'il n'est pas trop fort de qualifier vol.

L'entière disponibilité des bénéfices permet aux villes non seulement d'améliorer leurs finances et, par répercussion, de diminuer leurs taxes municipales, mais leur permet également, par une bonne gestion, d'abaisser sensiblement les prix de vente du gaz et d'en faire profiter les consommateurs.

Il est de toute évidence que la municipalisation des services du gaz ne peut, du jour au lendemain, fournir son plein rendement. Le rachat des usines et du matériel, les premiers apports comme mises de fonds de début d'exploitation viennent grever lourdement le budget des communes et les obligent souvent à des emprunts, mais il est non moins évident que l'amortissement s'effectue très rapidement, que les emprunts peuvent être remboursés dans un temps relativement court et qu'enfin apparaît le bénéfice réel avec, comme conséquence, la ville propriétaire des usines de distillation et des services annexes.

Que disait M. Chautard à la tribune du Conseil municipal le 31 décembre 1906, ceci :

« Nous constaterons seulement que si nous avions pu bénéficier dès 1906 de la régie directe, ce n'est pas 25 millions mais bien 30 millions de ressources dont vous auriez pu faire état au budget municipal. »

Le chiffre est éloquent, n'est-ce pas, et tout à l'honneur de l'exploitation en régie directe.

Cette opinion, que diverses expériences de municipalisation faites tant en France qu'à l'étranger justifient pleinement, n'est du reste pas particulière à M. Chautard. Voici ce qu'au cours d'un rapport présenté à la Chambre des Députés, également en 1906, disait M. Morlot :

« La régie directe présente d'ailleurs, sur tous les autres systèmes, un énorme avantage. C'est le seul régime qui n'engage pas la ville pour une durée déterminée. Quel que soit le mode d'exploitation par autrui auquel puisse recourir le Conseil municipal, il sera obligé de traiter pour une période qui, vraisemblablement, ne pourra guère être inférieure à une quinzaine d'années, dans les conditions les plus favorables. C'est un minimum de temps pendant lequel la ville devra subir les conditions de son nouveau traité, si funestes que l'expérience les révèle. Avec la régie directe, au contraire, rien de cela n'est à craindre. L'expérience peut être aussi courte que l'on voudra, et si les résultats trompent les espérances du Conseil municipal, il aura toujours la faculté de recourir à un autre mode d'exploitation ; il pourra, au contraire, chercher à loisir ce qu'il ne peut plus faire aujourd'hui, soit une régie intéressée, soit les conditions d'une nouvelle concession. »

Le passage est suggestif et mérite que l'on s'y arrête. D'autre part, l'on peut également ajouter que quels que soient les inconvénients et les avantages des exploitations d'usines par les municipalités on ne peut hésiter à leur appliquer le mot fameux du philosophe, Les usines basées sur ce

principe prospèrent à l'étranger ; elles prospèrent même en France. Depuis de très longues années l'expérience est faite, concluante, il y a chose jugée en leur faveur, elles existent, elles marchent et elles marchent bien.

On ne peut plus contester, sans être de mauvaise foi, la bonne marche et les bons résultats de l'exploitation du gaz en régie directe. Les preuves en étant faites, incontestables, il est à regretter qu'en France il y ait encore si peu d'éléments à préconiser inlassablement la municipalisation des services du gaz.

Par contre les adversaires de la municipalisation sont, et cela se comprend, extrêmement nombreux. Requins à la curée, groupés dans la puissante « Union des Intérêts Économiques », dispensatrice de sommes d'argent formidables, ils livrent bataille, non seulement pour conserver leurs concessions actuelles, mais en même temps pour arracher à la Nation les monopoles existants.

La lutte ne date pas d'aujourd'hui, du reste, et au cours du discours déjà cité de M. Morlot, à la Chambre des Députés, l'on relève cet extrait :

« Ils n'est pas étonnant que presque tous les banquiers qui voient disparaître une partie de leurs bénéfices, soit comme prêteurs, soit comme administrateurs, soit comme actionnaires des grandes Compagnies industrielles, par suite de la municipalisation de certaines entreprises, s'associent pour essayer de prouver que cette tendance est pleine de dangers, dangers qui sont purement imaginaires. »

L'on voit par ce passage qu'hier, comme aujourd'hui, les puissances capitalistes n'entendent rien perdre de leurs prérogatives financières et qu'elles n'hésitent pas à employer le mensonge pour arriver à leurs fins.

Il importe donc que la classe ouvrière en général et le Cartel des Services Publics en particulier luttent ardemment pour contrecarrer leur action néfaste et les combattre. Le Cartel des Services Publics doit inscrire à son programme la municipalisation des services du gaz. En même temps qu'il luttera pour la défense des monopoles existants, il doit, pour les mêmes raisons qui lui font demander le retour à la Nation des grands services publics et leurs exploitation par la collectivité, exiger que les services de fabrication et distillation du gaz de houille soient arrachés aux mains de la grande finance internationale, remis aux municipalités et exploités, non pas au profit de quelques-uns, mais au profit de tous.

C'est une lourde tâche, mais ce n'est pas une tâche insurmontable. En tous les cas, c'est celle de demain. Nous n'y faillirons pas.

Le Monopole de l'Électricité à Paris

Rapporteur : Marcel PRIEUR.

La Ville de Paris concéda, dans les conditions prévues par la loi du 15 juin 1906, l'exploitation de l'énergie électrique à Paris aux anciens secteurs électriques de Paris (Comité de l'Union des Secteurs Electriques de 1907 à 1913 et de 1914 à 1950 à la Compagnie Parisienne de Distribution d'Electricité (C. P. D. E). Le monopole le plus intéressant, le plus profitable aux finances de la Ville de Paris, a été donné, par la faute de M. le Préfet de la Seine et de MM. les Conseillers municipaux de Paris, aux financiers. Ce n'est pas faute d'avoir été avertis, prévenus. Le personnel de la C. P. D. E., à trois reprises différentes, fournit des renseignements précis et prit chaque fois position pour essayer de faire rentrer dans les caisses de la Ville les nombreux millions de bénéfices qui vont dans les poches des actionnaires de la C. P. D. E. Mais la rapacité financière a des moyens plus convaincants que les vérités du personnel de la C. P. D. E. et, encore une fois, nous sommes obligés de constater, en qualité de consommateurs, que nous sommes volés.

Nous ne pourrons que critiquer dans ce travail, ce qui est fait, et montrer avec amertume l'ingratitude de certaines personnalités municipales envers les intérêts du public.

Qu'est-ce que la C. P. D. E. ?

Un ensemble de porteurs d'actions qui ignorent tout de l'industrie électrique et dont un petit nombre se réunit une fois chaque année pour sanctionner le dividende. Cet ensemble d'actionnaires est représenté par une vingtaine d'administrateurs (ceux qui possèdent les plus gros paquets de titres) et ces administrateurs, qui se réunissent une fois par mois pour

causer, sont représentés eux-mêmes par un administrateur-délégué (homme d'affaires de premier ordre) et un directeur général.

La C. P. D. E., constituée au capital de 100 millions, n'a pas trop souffert de la guerre ; son exploitation a continué presque normalement et elle a pu, de 1914 à 1920, distribuer des dividendes variant de 4 à 6 % du montant de son capital. Après la guerre, on reconnut la nécessité d'agrandir les usines et de développer le réseau ; c'est alors que la Ville de Paris, sous l'inspiration du Directeur de la C. P. D. E., présenta deux avenants (1921-1924) dans lesquels elle manifeste une tendresse exagérée envers la C. P. D. E. et tient en substance ce langage :

« Nous allons agrandir les usines, développer les canalisations, créer de puissantes sous-stations, provoquer une augmentation considérable de consommation d'électricité.

« Mais vous n'aurez pas à vous inquiéter des dépenses, c'est nous qui payons.

« Les dépenses d'exploitation seront plus élevées, mais vous n'aurez pas à vous inquiéter non plus de cela.

« Les charges supplémentaires du personnel, nous les ferons payer aux abonnés.

« Le charbon coûte sept fois plus cher qu'en 1914. Mais qu'à cela ne tienne, si la tonne coûte 140 fr., nous en réclamerons 300 aux abonnés.

« Quant aux bénéfices, nous les partagerons. »

Et c'est ainsi que chaque année pour ne rien faire, sans aucune responsabilité et sans aléa, la C. P. D. E. recevra un cadeau de 35 millions de francs de la Ville de Paris et que l'Assemblée générale se réunira pour fixer le dividende à 35 %.

Nous tenons à rappeler qu'au moment de la discussion de l'avenant du 7 août 1921, le personnel de la C P. D. E. a attiré l'attention du Conseil municipal sur les avantages considérables que celui-ci allait réserver au concessionnaire en votant l'avenant présenté par le Préfet. Et nous nous souvenons toujours de la forme dédaigneuse et ironique des réponses de l'Administration aux objections que nous avions formulées par écrit.

Or, deux années et demie se sont écoulées depuis, et ce court laps de temps a démontré, d'une façon péremptoire, que nos vues étaient justes et que nos prévisions étaient fondées quant au développement de la consommation et aux bénéfices réalisés par la C. P. D. E.

On ne peut faire qu'une seule objection à ces prévisions, c'est qu'elles étaient un peu modestes et se sont trouvées quelque peu dépassées par les résultats.

Naturellement, c'est en se basant sur une documentation manifestement erronée que l'Administration, en 1921, établit son projet d'avenant et le fit voter par le Conseil municipal.

Nous avions mis en garde le Conseil municipal contre les conséquences d'un pareil avenant.

Ces conséquences ont été les suivantes :

En ce qui concerne les Abonnés.

Ceux-ci ont supporté les charges supplémentaires du personnel ainsi que les charges supplémentaires résultant de l'augmentation du charbon.

En ce qui concerne la C. P. D. E.

Point n'est besoin d'entrer dans les détails pour se rendre compte des avantages acquis par cette Compagnie.

Jusqu'en 1920 ses bénéfices moyens ne dépassaient pas 4 % de son capital. L'avenant du 7 août 1921 lui permit immédiatement d'accroître ses bénéfices dans une énorme proportion, puisque, dès 1922, ils atteignaient 24,386,000, c'est-à-dire environ 25 % de son capital.

Les cours de ses actions qui s'établissaient entre 280 et 290 vers la fin de 1920 ont dépassé 850 francs en janvier 1924.

En ce qui concerne la Ville de Paris.

C'est un désastre.

Ainsi, au bilan du 31 décembre 1922, la Ville doit 209 millions des dépenses de premier établissement, desquels il faut déduire 40 millions d'amortissement, reste 169 millions ; la Ville doit en outre 181 millions de travaux complémentaires, desquels il faut déduire 19 millions encaissés à Fonds de travaux, reste 162 millions ; en définitive, en supposant qu'il y ait eu liquidation au 31 décembre 1922, la Ville eût été obligée d'apporter à la C. P. D. E., d'une part, 169 millions ; d'autre part, 162 millions, c'est-à-dire un total de *331 millions*.

Nous n'avons pas les chiffres au 31 décembre 1923, mais il serait très intéressant de les connaître, et l'Administration, par l'intermédiaire de ses contrôleurs du service de l'électricité, aurait pu donner au Conseil municipal des précisions à ce sujet.

Quel est le montant des travaux complémentaires en 1923 ?

Quel est le montant disponible du compte de fonds de travaux pour 1923 ?

La différence nous aurait donné la charge assumée par la Ville en 1923.

En regard de cette charge, inscrivons ce que la Ville a encaissé en 1923 pour loyer et superloyer, et l'excédent du premier chiffre sur le second nous donnera la perte subie par la Ville pour l'exercice 1923, et nous ne serions pas étonnés que cette perte atteigne *une centaine de millions de francs*.

Ce qui porterait au 31 décembre 1923 à 431 millions la dette de la Ville envers la C. P. D. E.

Voilà les conséquences de l'avenant du 7 août 1921.

Ainsi, d'année en année, la C. P. D. E. s'octroie de nouvelles créances sur la Ville de Paris, ce qui fait que la résiliation devient d'année en année un problème plus onéreux pour la Ville ; ajoutons à cela l'augmentation du bénéfice de la C. P. D. E. qui nécessiterait en cas de résiliation une indemnité d'éviction considérable, et nous aurons démontré qu'une résiliation envisagée pour 1930 ou 1933 est une impossibilité et qu'il valait mieux rompre immédiatement.

NOUVEL AVENANT

Dans son mémoire (page 16, du 8 décembre 1923) M. Juillard évalue à 2,280 millions les travaux à effectuer de 1923 à 1950 ; si l'on ajoute les 180 millions dépensés en 1921 et 1922, on arrive à un total formidable de 2,460 millions.

Cet argent est réalisé au moyen d'emprunt ; il faut donc ajouter en dépenses les frais d'émission, les intérêts payés aux obligataires et les impôts. On peut donc évaluer au minimum à 3 milliards les dépenses envisagées, qui porteront sur une période de 30 années. Au bout de 30 ans, il est fort probable que ce matériel sera périmé, les installations électriques se démodent rapidement et tel groupe électrogène, qui constitue aujourd'hui le dernier mot de la nouveauté, sera dans dix ans un matériel archaïque. Il est donc raisonnable d'admettre que toutes les installations doivent être amorties en 30 ans ; cela revient à dire que le compte « Fonds de travaux », créé dans le but de récupérer le montant des installations sur le prix du courant électrique, devrait être assez élevé pour faire face, au bout de 30 ans, à cette dépense formidable.

A notre avis, il faudrait pour cela encaisser environ 75 millions annuellement au compte « Fonds de travaux ».

Comme ce compte fonds de travaux doit présenter actuellement un solde créditeur infime, on a voulu le rétablir dans son importance légitime.

Tel a été l'objet du nouvel avenant.

Dans le préambule de M. Juillard nous retrouvons la même sollicitude à l'égard de la C. P. D. E. que dans le mémoire préfectoral de 1921 et la même phraséologie optimiste.

« Le nouvel avenant est nettement avantageux pour la Ville »...

... Cette combinaison qui est tout à l'avantage de la Ville »... On reconnaîtra en toute impartialité que le personnel avait eu une vision exacte de l'avenant de 1921 et qu'il en avait signalé toutes les conséquences.

Il nous était donc bien permis de porter un jugement sur le nouvel avenant, de signaler les dangers qu'il présentait, et nous pensions que, cette fois, notre point de vue serait accueilli avec un peu moins de dé-

dain par ces messieurs de l'Administration préfectorale.

Le nouvel avenant présente les caractéristiques suivantes :

1° La concession de la C. P. D. E. est prolongée de 10 ans (30 juin 1950 au lieu du 30 juin 1940) ;

2° La faculté de résiliation de la Ville est reculée de 6 ans (1935 au lieu de 1929) ;

3° Faculté de contracter des emprunts à long terme ;

4° Augmentation du prélèvement sur l'index-charbon au profit du « Fonds de travaux » (20 % au lieu de 10 %) ;

5° Dotation accordée au « Fonds de travaux » par un prélèvement sur les superbénéfices ;

6° Prélèvement de 60 % au profit du « Fonds de travaux » sur la location des nouvelles colonnes montantes ;

7° Hypothèque de la C. P. D. E. sur le « Fonds de travaux » (33 %, environ).

Nous allons examiner brièvement les conséquences de ces nouvelles conditions :

1° En ce qui concerne les abonnés ;

2° En ce qui concerne la C. P. D. E. ;

3° En ce qui concerne la Ville de Paris.

Abonnés.

Ceux-ci n'obtiennent aucun avantage.

Ils conservent la charge supplémentaire du personnel.

Ils conservent la charge supplémentaire du charbon, et comment !

Le nouvel avenant signale les bénéfices nouveaux et considérables, mais seulement pour la Ville de Paris et la C. P. D. E.

« Les consommateurs en bénéficieront d'ailleurs indirectement (oh combien !...), car ils sont collectivement intéressés au développement et à l'amélioration du réseau de distribution » ! !...

Cette méthode indirecte est « suggestive » : en tous cas, elle est tellement indirecte que le K. W. H. leur sera toujours facturé cher et que la soi-disant « révision d'index », point de départ de l'avenant, n'existerait donc que comme un prétexte.

C. P. D. E.

La concession de la Compagnie qui était de 16 ans (1924 à 1940) est prolongée de 10 ans (1940 à 1950).

C'est une prolongation de 62 %. Inutile de souligner le profit que cette Compagnie peut tirer d'une telle prolongation.

La résiliation ne pourrait s'effectuer qu'en 1935 au lieu de 1929.

Or, en 1935 cette résiliation deviendrait tellement onéreuse pour la Ville qu'elle aurait intérêt à laisser courir la concession jusqu'à son terme final.

La résiliation en 1929 présenterait déjà beaucoup de difficultés.

En définitive, plus on retarde le délai de résiliation et plus cette résiliation nous apparaît comme difficile à résoudre.

En cas de résiliation, la Convention du 5 septembre 1907 prévoyait le paiement par la Ville ;

1° Des dépenses de premier établissement non amorties ;

2° D'une indemnité d'éviction (bénéfice d'une année multipliée par la moitié du nombre d'années restant à courir).

D'après l'avenant du 7 août 1921, la Ville aura encore à payer :

3° Le montant des travaux complémentaires non récupérés par Fonds de travaux ;

D'après le nouvel avenant la Ville aura encore à céder :

4° Environ le 1/3 du Fonds de travaux.

On voit que, de plus, la C. P. D. E. étend sur la Ville un réseau de créances qui, d'année en année, renforce ses prétentions.

Il ressort de cet ensemble de consultation des résultats bien compréhensibles :

1° *Prolongation des concessions* ;

2° *Opérations financières de grande envergure* (Emprunts) ;

3° *Travaux formidables*, en vue d'extensions qui, réduites précédemment à un minimum (sans doute pour les besoins de la cause), s'enflent aujourd'hui démesurément (sans doute pour la même raison).

Ceci posé : nous avons relevé dans le Mémoire préfectoral une série d'aveux d'incompétence, d'imprévisions et d'ignorance qui nous permettaient de douter, cette fois encore, que la solution proposée soit la vraie solution et qu'après avoir repoussé les suggestions du personnel de la C. P. D. E. en 1907, après avoir repoussé son projet d'exploitation en régie du 10 février 1921,

pour faire un avenant, *parfait à cette époque* (*aujourd'hui reconnu incomplet et insuffisant à tous points de vue*), on nous apporte une nouvelle panacée.

Une fois encore, le personnel a mis l'Administration et le Conseil municipal en face de la réalité, que la première semble masquer systématiquement au second, par ignorance sans doute ? ?

De récents et retentissants débats, à la tribune du Conseil municipal, devaient cependant éclairer nos édiles sur les compétences et leurs avis, et les porter à écouter ceux qui, maintes fois, les ont éclairés sur des situations rendues volontairement embrouillées, grâce auxquelles on a obtenu d'eux des concessions considérables, dans l'acception vraie du terme.

Il n'y avait aucune raison valable pour que le Conseil municipal s'engageât encore plus dans la voie regrettable où on l'avait fait engager lors du premier avenant. Le mémoire préfectoral était sans objet et s'il y avait eu lieu d'étudier quelque chose, après les aveux qu'il contenait et qui éclairent la situation actuelle, c'était de réétudier, pour le mettre en œuvre le plus tôt possible, le projet d'exploitation déposé par le personnel en 1921. Ce projet toujours viable, le personnel lui apportait en plus des bénéfices réalisés et à réaliser, les millions que la Ville de Paris possède (sans le savoir) qu'il lui suffit de prendre et joindre aux autres pour se libérer envers le concessionnaire et assurer l'exploitation future d'une façon parfaite à l'abri des accidents multiples et répétés dont les Parisiens souffrent depuis trop longtemps, dont tout le monde connaît la cause, mais dont le remède, facile à appliquer cependant, est resté endormi ou étouffé dans les cartons des Commissions.

Évidemment, il est intéressant pour les financiers de procéder à des émissions, sur lesquelles ils prélèvent d'intéressants bénéfices, de manier des capitaux considérables qui augmentent sans cesse, de faire fluctuer des actions et, par des différences savamment exploitées, réaliser des bénéfices encore plus intéressants et, pour compléter ce savant travail, faire passer des commandes pour des milliards (c'est imprimé dans le mémoire) à de grosses firmes industrielles qui, sous forme de Sociétés anonymes ou autres, par actions, appartiennent aux mêmes financiers, ce qui fait repasser dans leurs mains les capitaux en question et leur permet, une fois encore (la troisième ou la quatrième), de prélever leur dîme en passant. C'est un beau travail, mais maintenant le Conseil municipal en a accepté le patronage et la responsabilité et c'est cela que nous pouvons faire savoir aux contribuables parisiens, avec preuves à l'appui.

Le statut technique futur de Paris, avec le progrès de la distribution moderne, c'est de fournir le courant triphasé 50 périodes (courant national). Standarisation de la fréquence déjà utilisée dans une grande partie de la France. Le changement progressif devrait se faire.

C'est l'*unification* de distribution indispensable, réclamée par tous les industriels excédés de changer de matériel chaque fois qu'ils changent de local.

Elle a de multiples avantages :

1° Economie considérable du cuivre à employer (60 fois moins) ;

2° Simplicité d'exploitation (par transformation statique et par îlots) ;

3° Sécurité d'exploitation ;

4° Localisation par îlots des accidents (rares), facilités, réparations et de remise en service ;

5° Suppression des longues canalisations extérieures à basse tension, si coûteuses ; ·

6° Suppression des sous-stations coûteuses et encombrantes de leur matériel ;

7° Economie d'exploitation ;

8° Rendement excellent ;

9° Récupération progressive des milliers de tonnes de cuivre devenues inutiles, du matériel de distribution inutilisé et des machines, accumulateurs, appareillage, emplacements, etc...

Sur ce point, nous attirions particulièrement l'attention du Conseil municipal : Paris possède plus de 2.400 kms de canalisations en cuivre sur lesquelles 1.100 sont des feeders et sous-feeders de forte section et 1.300 kms de canalisations ordinaires ; sait-on ce que cela représente comme tonnage de cuivre et par conséquent, au taux actuel de la tonne de cuivre, quelle somme la Ville possède de ce chef : trésor qui semble ignoré et qui peut devenir en partie disponible.

En effet, la distribution triphasée (courant national) que nous précisions pour les avantages signalés et multiples d'unification, de simplicité, de bon rendement et de standarisation de fréquence, emploie un tonnage de cuivre infiniment plus faible à puissance égale, en raison de la haute tension utilisée sur place, que les systèmes actuels de distributions à basse tension en courant de 110 volts ; la substitution progressive de cette distribution haute tension à celle existante libérera les canalisations basse tension existantes pour la plus grande partie, ainsi que tout le matériel coûteux et compliqué des boîtes de réseaux, de rues qui sera devenu inutile.

On supprimera également ces sous-stations coûteuses enclavées dans Paris, avec leur matériel de transformation considérable, et ce sont des millions rendus progressivement disponibles, qui couvriront, et au delà, les travaux nécessaires. D'autant plus que ces travaux effectués, non plus en prévision de distributions surannées à basse tension, comme celles actuellement critiquées rendant obligatoires les multiples et coûteuses sous-stations, se réduiront considérablement.

Nous pouvons ajouter que ces centaines de millions de travaux seraient facilement récupérables sur les sommes actuellement prévues aux index, complétées par celles récupérées sur le cuivre, le matériel, les machines, les locaux libérés lors de la disparition progressive de la distribution basse tension, les économies réalisées sur la production et la distribution.

Cette exploitation, nous le répétons, a fait ses preuves en France même, en des centaines de cabines haute tension. Ce n'est donc pas une innovation que le personnel proposait, mais l'application pure, simple et intelligente d'un système de distribution connu, expérimenté, apprécié, sans aléa.

Le cuivre rendu disponible existe, les sous-stations dont on peut dès maintenant arrêter le développement et la multiplication coûteuse existent également.

IL NE RESTERAIT DONC A LA VILLE DE PARIS QU'A VOULOIR ELUDER LES MIRAGES ET VOIR LES REALITES, REFUSER LA PROPOSITION D'AVENANT *INSUFFISAMMENT ETUDIE ET REPREN-*

DRE CONTACT AVEC LE PERSONNEL POUR UNE EXPLOITATION DONT ELLE POURRAIT TIRER LE BENEFICE COMPLET SANS PARTAGE.

Elle ne l'a pas fait.

Ce sont ces multiples raisons qui prouvent que le monopole de l'électricité est une bonne affaire pour les finances de la Ville, qu'elle est aussi une affaire pour les finances départementales et municipales et que nous devons, dans la mesure où nous pourrons le faire, éviter de laisser aller à des financiers l'exploitation de l'électricité en France.

L'appoint éventuel des forces hydrauliques du Rhône, qu'il faudra tôt ou tard capter dans son entier, est encore pour favoriser le monopole de l'électricité. Mais ce deuxième problème national, seuls les superfinanciers de l'électricité en profiteront et ce sera les millions des contribuables qui aideront les requins de la finance à accaparer encore une fois notre richesse nationale : la houille blanche.

Les Revendications du Personnel des Services publics

Rapporteur : MICHAUX.

Parmi les iniquités sociales de l'heure présente, une de celles dont la disparition s'impose le plus est certainement l'instabilité du personnel municipal.

Pour s'attacher un personnel stable, ayant à cœur d'accomplir consciencieusement la tâche qui lui est dévolue, toutes les Administrations publiques ont accordé à ceux qu'elles emploient des garanties dans le recrutement, dans l'avancement, dans les questions de discipline, ainsi que des congés et des jours de maladie payés, des retraites pour leurs vieux jours.

Pourquoi n'en est-il pas de même pour le personnel municipal ?

Serait-ce que la qualité professionnelle est sans intérêt ?

Nous ne le croyons pas. Nous sommes même certains du contraire. Nous pouvons citer, entre autres, pour appuyer notre thèse, que la modification de l'article 252 du Code civil par la loi du 26 juin 1919 a surtout été votée pour parer aux inconvénients de l'incompétence des secrétaires de Mairie de fortune pris pendant la guerre. Quoique ceux-ci n'aient fait en somme que généraliser la question. Chacun sait que nombre de Maires sont dans l'incapacité complète d'administrer sans avoir un secrétaire de Mairie compétent. Chacun sait également que plus les lois de protection et de solidarité sociales se développent, plus la tâche des secrétaires de Mairie est ardue. Nul n'ignore aussi que plus les moyens de transports sur routes se multiplient, aussi bien tant qu'au nombre qu'à la rapidité, les routes ont besoin d'entretien sérieux, ce qui nécessite un personnel compétent, qualifié, ayant à cœur l'exécution de sa tâche.

Non, le motif réside plutôt dans le fait suivant :

Les luttes politiques, contrairement à la raison, commencent à se faire jour sur le terrain communal. En conséquence, les Maires, sachant le rôle que le personnel communal peut jouer à ce sujet, entendent avoir la haute autorité sur lui. Aussi voiton généralement à chaque changement de Maire, changement dans le personnel communal. On comprendra encore plus aisément quand on saura que l'emploi communal est souvent une récompense aux agents électoraux.

Quand on saura également que les collèges électoraux n'exigent pas, et pour cause, des capacités administratives de ceux qu'ils désignent, que de ce fait des incapacités notoires en matière administrative sont élues, on comprendra mieux encore la cause profonde du manque d'administration sérieux de la plupart de nos communes, ce dont souffre la population.

C'est devant cet état de choses, regrettables à tous les points de vue, que la Fédération Confédérée du Personnel des Services Publics, fortement imprégnée de la conception syndicale qui est d'apporter sa contribution au perfectionnement social dans le but de servir l'intérêt général, a demandé dans ses Congrès que l'article 88 de la loi municipale du 5 avril 1884 qui était ainsi conçue :

Loi du 5 avril 1884.

« Le Maire nomme à tous les emplois
« communaux pour lesquels les lois, dé-
« crets et ordonnances *actuellement en*
« *vigueur* ne fixent pas un droit spécial
« de nomination.

« Il suspend et révoque les titulaires
« de ces emplois.

« Il peut *faire* assermenter et commis-

« sionner les agents nommés par lui,
« mais à la condition qu'ils soient agréés
« par le Préfet ou le Sous-Préfet.

soit modifiée afin de donner des garanties
au personnel municipal.

Après une action syndicale des plus viri-
les, au moment où le personnel municipal
était groupé syndicalement dans une seule
organisation forte de plus de cinquante
mille membres, le Parlement, obligé de
tenir compte de cette force organisée, vota
la modification suivante à l'article de loi
précité.

Loi du 27 octobre 1919
*modifiant l'article 88 de la loi municipale
du 5 août 1884.*

« Le Maire nomme à tous les emplois
« communaux pour lesquels les lois, dé-
« crets et ordonnances actuellement en
« vigueur ne fixent pas un droit spécial
« de nomination. Il suspend et révoque
« les titulaires de ces emplois. Il peut
« assermenter et commissionner les
« agents nommés par lui, mais à la con-
« dition qu'ils soient agréés par le Pré-
« fet ou le Sous-Préfet.

« Dans les communes de plus de 5.000
« habitants, le Conseil municipal, dans
« un délai de six mois, par délibération
« soumise à l'approbation préfectorale,
« déterminera les règles concernant le re-
« crutement, l'avancement et la discipli-
« ne des titulaires des emplois commu-
« naux. Les peines comportant la sus-
« pension ou la révocation ne pourront
« être prononcées par le Maire qu'après
« avis motivé d'un conseil de discipline,
« dont la composition sera déterminée
« par ladite délibération et où le person-
« nel sera représenté.

« La délibération du Conseil munici-
« pal sera exécutoire dans le délai de
« deux mois, si le Préfet, par arrêté mo-
« tivé, n'a pas refusé de l'approuver. Si
« le Préfet refuse son approbation, le
« Conseil municipal peut, dans le délai
« d'un mois, se pourvoir devant le Con-
« seil d'Etat qui statue selon la forme
« administrative et dans le délai de deux
« mois.

« Faute par le Conseil municipal d'a-
« voir délibéré dans le délai de six mois,
« à partir de la promulgation de la loi
« ou de la création des emplois, il sera
« statué d'office par un arrêté préfecto-

« ral, qui rendra applicable dans la com-
« mune un règlement-type établi par le
« Conseil d'Etat. »

Cette modification si elle est un pas vers
le mieux, si elle améliore l'état de choses
existant avant le 23 octobre 1919, n'est pas
encore ce que sont en droit d'exiger ceux
qui, en même temps qu'ils cherchent à
améliorer leur sort, ce qui est humain,
entendent travailler dans le but d'améliorer
la chose publique.

En effet, il avait été demandé que les
peines comportant la suppression du congé
annuel, la suspension temporaire de traitement, la révocation, ne pourraient être
prononcées par le Maire que sur avis
« conforme » d'un Conseil de discipline
dans la composition duquel figurerait un
nombre égal de représentants de la municipalité et du personnel. Or, le législateur
a remplacé le mot « conforme » par le mot
« motivé », ce qui fait que le Maire n'est
pas obligé de tenir compte de la décision
du Conseil de discipline dans le droit d'application de la peine qui lui est dévolue.

Un exemple : à Ivry, fin 1921, un employé municipal fut traduit devant le
Conseil de discipline après avoir été sus-
pendu par le Maire. Après quelques irré-
gularités de droit, le Conseil de discipline
émet l'avis (pour parler conformément à la
loi) que notre camarade était coupable du
fait incriminé et que la punition qui devait
lui être infligée serait celle d'un retard dans
son avancement de traitement.

Le Maire passa outre et révoqua notre
camarade.

Puis, s'il a retenu la demande du personnel demandant sa représentation dans les
Conseils de discipline, le législateur n'en
a pas retenu le nombre, c'est-à-dire la pa-
rité qui était demandée.

Il a également limité au personnel des
communes de plus de cinq mille habitants
les bénéfices de cette loi (667 communes
sur 36.000).

En conséquence, notre Fédération, appelée à examiner cette question dans son
récent Congrès National qui a eu lieu à
Strasbourg, demande au Parlement de
voter le projet de loi suivant qui, adopté
sans modification, accordera les garanties
de stabilité au personnel municipal en obli-

geant les Maires à tenir compte des décisions des Conseils de discipline dans l'application des peines disciplinaires, en créant un peu plus de justice dans la composition de ces conseils et en élargissant les bénéfices de cette loi à tout le personnel exclusivement communal :

Proposition de loi

tendant à la modification de l'article 88 de la loi du 5 avril 1884, concernant les emplois communaux.

« Article premier. — Le Maire
« nomme à tous les emplois communaux
« pour lesquels les lois, décrets et ordon-
« nances actuellement en vigueur ne
« fixent pas un droit spécial de nomi-
« nation.

« Il suspend les titulaires de ces em-
« plois. Il peut assermenter et commis-
« sionner les agents nommés par lui,
« mais à la condition qu'ils soient agréés
« par le Préfet ou le Sous-Préfet.

« Dans toutes les communes où exis-
« tent des emplois communaux confiés
« à un personnel exclusivement commu-
« nal, dans toute commune où il en sera
« créé, le Conseil municipal, dans le
« délai de six mois, devra rendre appli-
« cable le règlement-type ci-joint déter-
« minant les règles concernant le recru-
« tement, l'avancement et la discipline
« des titulaires de ces emplois commu-
« naux.

« Les peines comportant : l'avertisse-
« ment, le blâme, la privation de tout
« ou partie du congé annuel, la rétro-
« gradation de classement, la réduction
« de traitement, la suspension ou la
« révocation seront prononcées par le
« Maire en conformité : 1° des prescrip-
« tions de la loi ; 2° de l'avis conforme
« et motivé du Conseil de discipline dont
« la composition paritaire sera déter-
« miné par ladite délibération et où le
« personnel sera représenté.

« Faute par le Conseil municipal
« d'avoir délibéré dans un délai de six
« mois à partir de la promulgation de la
« loi ou de la création des emplois, il
« sera statué d'office par arrêté préfec-
« toral, qui rendra applicable dans la
« commune le règlement-type établi.

« Art. 2. — La loi du 23 octobre 1919
« est abrogée. »

Le Congrès a mis au point un projet de statut-type qui vient compléter la loi ci-dessus. En même temps qu'il donne le moyen aux municipalités de s'entourer d'un personnel compétent, il permet à ce dernier de prendre la part de responsabilités qui doit lui être logiquement dévolue. Son application serait, à notre avis, la possibilité de voir s'étendre, s'élargir les principes d'autonomie communale, chère à ceux qui se réclament de la démocratie.

GARANTIE
DES SITUATIONS ACQUISES EN CAS DE SUPPRESSION D'EMPLOI

Dans cet ordre d'idées de la stabilité de l'emploi, un autre abus est commis par les municipalités.

En effet, par la suppression de l'emploi lui-même, on peut arriver à se débarrasser d'un employé antipathique, quitte à rétablir l'emploi en lui donnant une autre dénomination et un autre titulaire. Quelques faits particuliers se sont produits. Ils n'auraient certainement pas suffi pour attirer l'attention du législateur si la campagne en faveur de la suppression des octrois ne s'était pas fait jour.

En vertu de cette campagne et de quelques suppressions locales qui en ont été l'aboutissant jusqu'à maintenant, les intéressés, unis dans leur organisation professionnelle, demandèrent au Parlement la garantie des situations acquises. Ils aboutirent au vote de l'article 67 de la loi des Finances de l'année 1906 ainsi conçu :

Article 67. — Loi des Finances, année 1906

« Art. 67. — Toute demande de
« suppression d'octroi portant création
« de taxes de remplacement devra être
« précédée d'une stipulation au profit
« des agents atteints par une mesure de
« licenciement. »

Mais cet article une fois voté présente des lacunes à son application. Il ne joue qu'autant que les municipalités sont obligées, en supprimant les octrois, d'établir des taxes de remplacement. Puis, en ne stipulant pas les garanties qui doivent être données, il permet de fixer entre le suffisant et le dérisoire. Il permet aussi que l'exploitation des droits d'octroi puissent passer des mains des municipalités aux mains des administrations des douanes ou des contributions indirectes et même d'un simple particulier, ce qui peut entraîner des congédiements d'un certain nombre d'agents sans indemnités suffisantes.

En conséquence, notre Congrès de Strasbourg, appelé à examiner cette question, a adopté un projet de loi qu'il est urgent de voir voté par le Parlement tel qu'il est, car il donnera satisfaction au personnel municipal tout entier contre le danger des suppressions d'emplois.

Projet de loi

« ARTICLE PREMIER. — Toute suppres-
« sion partielle ou totale, ou toute sup-
« pression d'octroi entraînant une perte
« d'emploi pour tout ou partie du person-
« nel de tout ordre, devra contenir une
« clause assurant par l'Etat ou les com-
« munes, aux agents licenciés, une
« situation en rapport avec la situation
« perdue, ou, à défaut, des compensa-
« tions équivalentes.

« En cas de retraite proportionnelle ou
« entière, la jouissance de la pension ne
« pourra être différée.

« Les compensations seront appliquées
« du jour de la cessation des appointe-
« ments.

« ART. 2. — Le texte de la loi ci-dessus
« sera applicable à toutes les suppres-
« sions de services ou d'emplois commu-
« naux ou départementaux.

« ART. 3. — L'article 67 de la loi des
« Finances de 1906 est abrogé. »

LES RETRAITES

Le Congrès a également mis au point un projet de règlement de retraites à base nationale en tenant compte des principes d'autonomie municipale et en respectant les intérêts des municipalités et du personnel. Le désir de notre Fédération serait de collaborer de façon directe au sein d'une commission extra-parlementaire aux fins que la législation du régime de retraites à appliquer nationalement au personnel des Services Publics (départements et communes) puisse refléter les desiderata des intéressés.

Le Droit syndical des Fonctionnaires

Rapporteur : CAILLON.

Il nous paraît inutile de refaire un historique complet de cette question si controversée, du droit syndical des fonctionnaires. Les militants présents à ce Congrès sont parfaitement au courant des variations des gouvernements qui se sont succédés au Pouvoir et savent dans quelles conditions difficiles nous avons maintenu nos organisations syndicales depuis 1920.

De 1884 à 1894, les fonctionnaires de l'Etat ont manifesté très peu le désir de se grouper. D'ailleurs, les Ministres de l'époque, MM. Spuller et Jules Roche, avaient interdit aux fonctionnaires sous leurs ordres le droit de se syndiquer « parce que s'ils se syndiquaient, ce serait contre la représentation elle-même qu'ils organiseraient leurs syndicats ».

Cependant, les ouvriers de l'Etat, et notamment les cheminots, en rapport plus directs avec le prolétariat de l'industrie privée, constituèrent des groupements, conformément aux dispositions de la loi de 1884. A la suite de cette attitude, la Chambre fut appelée à discuter de l'interdiction formulée par M. Jonnart, Ministre des Travaux Publics, à l'égard des cheminots de l'Etat de se syndiquer. Dans un ordre du jour proposé par M. de Ramel et soutenu par M. Millerand, « la Chambre, considérant que la loi de 1884 s'applique aux ouvriers et employés de l'Etat aussi bien qu'à ceux de l'industrie privée, invite le Gouvernement à la respecter et à en faciliter l'exécution. » Le droit syndical fut reconnu à cette catégorie de travailleurs et le ministère renversé.

De 1894 à 1901, le mouvement des fonctionnaires demandant le droit de se grouper grandit constamment. Des amicales se constituèrent un peu partout et lorsque la loi de 1901 fut votée, elle ne fit que légaliser une situation de fait, comme la loi de 1884 avait légalisé les syndicats ouvriers existants.

La loi de 1901, qui avait été faite non pour les groupements professionnels, mais surtout pour les congrégations, servit aux Ministres de prétexte à renouveler leur interdit quant à la loi de 1884 pour les fonctionnaires. Malgré cela, et malgré les poursuites constantes dont les militants cantonniers, instituteurs, postiers, etc..., furent l'objet, un grand nombre de syndicats se constituèrent à partir de 1905. Evidemment, on prit l'initiative de les poursuivre devant les tribunaux aux fins de dissolution, en même temps qu'on déposait un premier projet de statut des fonctionnaires sur le bureau de la Chambre des Députés. Les poursuites n'aboutirent pas. Les syndicats existants continuèrent à vivre en marge de la légalité jusqu'en 1920.

1909, grève des postiers. Les agents des P. T. T. constituèrent un Syndicat qui fut poursuivi et dissous par un jugement de la Cour d'Appel de 1910.

Entre temps, différents projets de statuts des fonctionnaires avaient à nouveau été déposés au Parlement.

Lorsque la guerre fut déclarée, la situation était la suivante :

La majorité des fonctionnaires était groupée dans des Associations constituées sous l'égide de la loi de 1901 et reconnues officiellement par les gouvernements.

Une minorité agissante, instituteurs, sous-agents des P. T. T., avait formé des Syndicats adhérents à la C. G. T. et non reconnus par les Pouvoirs publics.

Enfin, les ouvriers de l'Etat, non bénéficiaires de la loi de 1853, étaient syndiqués, adhérents à la C. G. T. et reconnus officiellement.

A la fin de la guerre, la nécessité de plus en plus grande de rejoindre la C. G. T.

étant reconnue, un fort mouvement se produisit en faveur de la reconnaissance officielle des Syndicats. Le Parlement, en discutant les modifications à apporter à la loi du 21 mars 1884, vota à différentes reprises le droit syndical aux fonctionnaires de gestion. Enfin, le Gouvernement de M. Clémenceau autorisa notamment les agents des P. T. T. à transformer leur Association générale en Syndicat. Dans une déclaration rendue publique, et que nous reproduisons ci-après, M. Clémentel, Ministre du Commerce, faisait à une délégation du nouveau groupement les déclarations suivantes :

« Messieurs, M. Clemenceau, président du Conseil, me charge tout d'abord de l'excuser auprès de vous de ne pas vous avoir reçus ; vous le verrez, si vous le désirez, dès sa rentrée à Paris.

« Il m'a confié l'agréable mission de vous féliciter de votre attitude pendant la guerre et d'ajouter qu'après les preuves de dévouement au pays que vous avez données, il estime qu'on peut vous faire confiance.

« Aussi, est-il disposé à défendre, devant le Parlement, la liberté pour les fonctionnaires de se grouper sous la forme syndicale, par application pure et simple de la loi de 1884, c'est-à-dire sans aucune espèce de restriction.

« Il a l'intention de provoquer la discussion de cette question devant la Chambre avant le 20 janvier ; si elle vient avant cette date, il défendra, au nom du Gouvernement, le droit au syndicat pour les fonctionnaires.

« Toutefois, si le programme de la Chambre s'opposait à ce débat d'ici le 20 janvier, à cette date ferme, le Président du Conseil prendrait l'initiative d'une déclaration par laquelle le Gouvernement reconnaîtrait l'existence légale de votre syndicat. »

Ces déclarations ont été imprimées, tirées à 15.000 exemplaires et répandues dès le 20 janvier 1919 dans tous les bureaux des P. T. T. de France, par les soins du Syndicat.

M. Clémentel n'a donc pu ignorer l'usage qui a été fait de ses paroles.

Or, il ne s'est avisé de protester que dix-sept mois plus tard, le 8 juin 1920. Il l'a fait en ces termes :

« Messieurs les Membres de la Fédé-
« ration Postale,

« Je viens de lire l'affiche que vous avez fait apposer sur les murs de Paris, relatant une conversation que j'ai eue le 31 décembre 1918, avec une délégation de l'Association Générale des Agents. Il n'a été dressé aucun procès-verbal de cette conversation et les termes dans lesquels vous la reproduisez de mémoire appellent de ma part, en dehors des rectifications de forme que je néglige, la rectification de fond suivante :

« Il est exact que le Gouvernement entendait défendre, devant le Parlement, cette thèse que les fonctionnaires, à l'exclusion de certaines catégories d'entre eux qui seraient expressément indiquées dans le texte de loi, pouvaient s'associer sous le régime de la loi de 1884 ou de la loi de 1901, mais sous la réserve formelle et expresse, réserve dont je vous ai fait part à plusieurs reprises, que, quelle que soit leur forme d'association, les fonctionnaires publics ne pouvaient prétendre, à aucun titre et sous aucun prétexte, au droit de grève.

« C'est dans ce sens qu'a parlé, au nom du Gouvernement, M. Colliard, ministre du Travail, au cours des débats qui se sont déroulés devant les Chambres à l'occasion de l'extension du droit syndical.

« M. le Président du Conseil ne pouvant vous recevoir n'avait chargé de vous mettre en rapport avec M. Colliard qui vous a, de son côté, fait connaître, lorsqu'il vous a reçus, l'opinion du Gouvernement.

« Veuillez agréer, etc...

    « Clémentel. »

Donc, pas d'équivoque. Non seulement le Gouvernement avait reconnu nos Syndicats, mais il avait pris l'engagement de faire introduire dans la loi du 21 mars 1884 des modifications de nature à supprimer toute confusion.

Quelques mois plus tard la C. G. T. engage son action en faveur de la Nationalisation industrialisée. Les grèves de 1920 échouent. La C. G. T. est traduite devant les Tribunaux aux fins de dissolution et les Syndicats de fonctionnaires reçoivent l'ordre du Gouvernement de M. Millerand de se transformer sans délai en Associations.

Vous savez la réponse que la quasi-unanimité de nos groupements a faite à ces injonctions. Nous avons résisté aux sommations du Pouvoir et nous entendons, demain comme aujourd'hui, rester ce que nous sommes, syndiqués, fédérés et confédérés.

Qu'il nous soit permis, avant de terminer ce bref exposé, de faire remarquer que toutes les discussions juridiques qui ont pu se produire autour de l'application ou de la non application de la loi de 1884 aux fonctionnaires ont permis au Gouvernement de ne prendre aucun décision et de se réfugier constamment dans l'arbitraire.

« Nous entendons une fois de plus marquer notre volonté de n'être pas des citoyens diminués et de bénéficier des mêmes droits que nos camarades de l'industrie privée. En réalité, le but poursuivi par tous les partis politiques de la majorité est de faire des fonctionnaires une clientèle électorale et de les séparer de l'ensemble de la classe ouvrière. Tout homme sérieux ne peut véritablement prendre en considération cet argument qui consiste à dire que le facteur, le cantonnier détenant une parcelle de la puissance publique, risquent de compromettre le salut national en adhérant à la Confédération Générale du Travail.

Nous avons proclamé à différentes reprises que si nous avions, comme les autres travailleurs, des intérêts professionnels à défendre, nous entendions poursuivre de concert avec eux la transformation sociale indispensable et étudier les multiples problèmes économiques qui se posent aujourd'hui avec tant d'acuité. Le Congrès ne pourra que manifester à nouveau son ardent désir de voir les tracasseries dont nous sommes l'objet prendre fin en même temps qu'il exposera au public les raisons qui nous incitent à réclamer le bénéfice de la loi du 21 mars 1884.

LA LIBERTÉ D'OPINION

Depuis 1920 les fonctionnaires sont particulièrement en butte aux tracasseries gouvernementales. On leur dénie le droit de penser et d'écrire librement en dehors de leurs occupations normales. On revient au régime des pouvoirs déchus et la République imite l'Empire en poursuivant pour délit d'opinion les agents de l'Etat, communistes, syndicalistes, etc…

Il est évident que dans une démocratie il n'est pas possible d'admettre une pareille thèse et de concevoir que ceux qui se disent partisans du progrès social cherchent constamment à limiter les droits d'une catégorie importante de citoyens. Les exemples sont nombreux de poursuites engagées contre des individualités qui ont participé à certaines manifestations publiques. C'est ainsi que des instituteurs, des douaniers, etc., ont été l'objet de mesures disciplinaires, les uns parce qu'ils avaient présidé des réunions de la Ligue des Droits de l'Homme, les autres parce qu'ils étaient secrétaires ou trésoriers de sections politiques, d'autres enfin, comme Glay, parce qu'ils avaient critiqué l'attitude du Président de la République. Nous nous élevons avec force contre ces procédés d'un autre âge. Les fonctionnaires sont des citoyens comme les autres et il n'est pas possible qu'on puisse prétendre leur interdire une partie des prérogatives que la loi leur accorde. D'ailleurs, en réclamant ce minimum de liberté nous ne faisons que suivre l'exemple de M. Millerand lui-même, qui protestait, il y a quelque vingt ans, contre l'attitude des Gouvernements réactionnaires qui censuraient les instituteurs pour délit d'opinion.

Nous estimons qu'un fonctionnaire a le droit, lorsqu'il a donné à l'Etat le travail qui lui incombe, d'être réactionnaire, républicain, socialiste ou communiste.

Le Congrès du Cartel s'élève avec énergie contre cette politique de marchandage électoral et invite tous les syndicats adhérents et tous les militants à réclamer la liberté absolue en matière d'opinion. Il est d'ailleurs paradoxal de constater la différence d'attitude du Gouvernement du Bloc National qui traque les fonctionnaires et laisse les mercantis et les gros groupements absolument libres de pressurer le Pays et de lui dicter leurs lois.